Fleischfressende Pflanzen

Fleischfressende Pflanzen

Inhalt

Vorwort

Meldungen über Krisen machen täglich die Runde. Stress im Berufsleben, negative Erfahrungen im Privatbereich und krankmachende Belastungen durch die Umwelt sind die häufigsten Ursachen gesundheitlicher Störungen. Wie wichtig ist es da geworden, einen Rückzugsort für die Seele zu haben, einen Platz an dem man durch Selbstbesinnung und Meditation zurückfindet zur inneren Ruhe. An dem man durch die alles erneuernde Kraft der Natur lernt, selber auch wieder neue Kraft zu schöpfen.

Durch Überlieferungen wissen wir, dass es seit Menschengedenken – ja selbst seit Adam und Eva – einen zentralen Punkt in unserer unmittelbaren Umgebung und Erlebnissphäre gibt, der das alles erfüllt: Unser Garten.

Sei es nun der große Garten, der unser Haus umschließt, der kleine Vorgarten oder das Blumenbeet, das unseren Eingang säumt – der Balkon-, Terrassen- oder Zimmergarten, der unsere Wohnung ziert, eines haben sie alle gemein: sie sind der wichtigste Lebensraum, den die Natur für uns bereithält, eine Oase im Alltag, eine eigene ganz private Welt, um durchzuatmen, abzuschalten und mit allen Sinnen zu genießen.

Garten ist der Inbegriff von Lust und Freude – und das bedeutet Glücklichsein. Wer dieses Hobby für sich entdeckt hat und ständig erlebt, welche Freude es bereitet, aufkeimende Saat wachsen zu sehen um am Ende die Früchte seiner Arbeit ernten zu können, hat ihn gefunden, den Weg zum Glücklichsein. Der Ratgeber, den sie hier in Händen halten, ist Teil einer mehrbändigen Reihe einzelner Themen. Er soll ihnen dabei helfen, dieses Glück zu erleben.

Meinem verlegerischen Entschluss, ein solch umfangreiches Kompendium herauszugeben, ging die erklärte Absicht voraus, das sehr weit reichende und umfassende Gebiet der Blumen- und Gartenpraxis in einer Vielzahl von einzelnen Themenbüchern darzubieten. Dem Leser sollte somit die Möglichkeit geboten werden, sich ausschließlich mit den Inhalten befassen zu können, die ihn interessieren und mit denen er sich gezielt auseinandersetzen möchte. Dass dies in einer preiswerten Form möglich sein musste, die gleichzeitig zum Sammeln der Bände motiviert, war für mich eine weitere Maxime.

Ich wünsche ihnen viel Freude an diesem Ratgeber und viel Erfüllung bei der Gartenarbeit,

Ihr

Siegfried Lapawa

Die Fangblätter der Venusfliegenfalle warten darauf, dass sich ein Insekt auf ihnen niederlässt.

Mörderische Faszination

Fleischfressende Pflanzen entwickeln sich zu Trendgewächsen

Noch vor wenigen Jahren kannten die meisten Menschen Fleischfressende Pflanzen nur vom Hörensagen. Inzwischen kann man sie in fast jedem Gartencenter bekommen.

Was genau sind Fleischfressende Pflanzen?

Von Fleischfressenden Pflanzen hat fast jeder schon einmal gehört. Aber was verbirgt sich eigentlich hinter diesem Begriff? Gibt es wirklich Pflanzen, die sich von Fleisch ernähren? Zunächst einmal ist festzuhalten, dass es sich auf den ersten Blick bei Fleischfressenden Pflanzen, auch Karnivoren genannt, um ganz normale Pflanzen handelt, die Wurzeln haben, Blätter und Blüten ausbilden und Wasser bzw. Nährstoffe aus dem Boden sowie Kohlendioxid aus der Luft aufnehmen. Gemeinsam ist ihnen, dass sie in der freien Natur meist an recht unwirtlichen Orten wachsen, an denen der Boden eigentlich nicht genug Nährstoffe zur Verfügung stellt, um ein gesundes Wachstum zu sichern. Um dieses Problem zu lösen, hat sich die Evolution etwas ganz Besonderes einfallen lassen: Sie stattete die Fleischfressenden Pflanzen mit Fangorganen aus, mit denen sie Insekten und andere kleine Tiere erbeuten können. So sind sie in der Lage, das dürftige Nahrungsangebot ihrer Standorte angemessen zu ergänzen.

Reichhaltige Beute: Diese Venusfliegenfalle macht ihrem Namen alle Ehre

Festgeklebt: Das Fangblatt dieses Sonnentaus (Drosera scorpioides) legt sich um das Opfer

Insektenfang

Dass es sich bei den Opfern Fleischfressender Pflanzen in erster Linie um Insekten handelt, leuchtet ein, denn Insekten sind klein und fast überall anzutreffen, wo etwas Grünes aus dem Boden sprießt. Viele Insekten sind auch auf pflanzliche Nahrung angewiesen. Fleischfressende Pflanzen machen sich die Gewohnheiten der Insekten zunutze: Den arglosen Tieren wird die normale Bewegung in ihrem Lebensraum zum Verhängnis. Noch ehe sie begreifen, dass es sich bei der aufgesuchten Pflanze um einen heimtückischen Jäger handelt, ist ihr Schicksal bereits besiegelt. Die ausgefeilten Fangtechniken der Karnivoren machen es den Opfern meist unmöglich, sich zu befreien. Ihre verzweifelten Versuche, der Falle wieder zu entkommen, führen in der Regel noch tiefer ins Verderben hinein.

Techniken

Das Ziel einer Fleischfressenden Pflanze ist immer das gleiche: Insekten zu fangen, um deren

Nährstoffe zu verwerten. Die Fangtechniken der einzelnen Gattungen und Arten sind jedoch recht unterschiedlich. Fachleute unterteilen die Karnivoren in verschiedene Fallentypen. So gehört die Venusfliegenfalle – mit Sicherheit die bekannteste Fleischfressende Pflanze – zu den so genannten Klappfallen, weil sie Blätter besitzt, die in Bruchteilen von Sekunden zuklappen können, um Insekten, die sich auf den Fangblättern bewegen, fest einzuschließen. Der Sonnentau dagegen, der vielen Laien ebenfalls ein Begriff ist, gehört zum Typ der Klebfallen. Insekten, die sich auf einem Sonnentau niederlassen, kleben an den mit Sekret benetzten Drüsen der Pflanze fest, woraufhin sich die umliegenden Tentakel im Zeitlupentempo auf das Opfer zu bewegen, um es anschließend zu verdauen. Neben den angesprochenen Klappfallen und Klebfallen gibt es noch drei weitere Fallentypen: Grubenfallen, Reusenfallen und Saugfallen, die mit ihren jeweiligen Fangmechanismen nicht weniger erfolgreich sind.

Die Schlauchpflanze (hier die Art Sarracenia oreophila) gehört zu den Grubenfallen

Hohe Ansprüche

Aufgrund ihrer hoch komplexen Fangorgane üben die Karnivoren eine ungeheure Faszination auf den Menschen aus, was dazu führt, dass sich immer mehr Pflanzenliebhaber die kleinen Fleischfresser auch ins Haus holen. Was beim Kauf von Karnivoren oftmals jedoch nicht bedacht wird, ist die Tatsache, dass es sich hierbei um Pflanzen handelt, die ganz besondere Ansprüche haben und eine artgerechte Kultur benötigen. Damit Fleischfressende Pflanzen nicht nach wenigen Wochen eingehen, sind in diesem Ratgeber, neben einigen Ausflügen in die wunderbare Karnivoren-Welt, die wichtigsten Tipps für eine erfolgreiche Kultur zusammengestellt.

INFO
Fachbegriffe richtig erklärt

__Fleischfressende Pflanzen__ ist die Bezeichnung, die auch den meisten Nichtexperten vertraut ist. Gemeint sind hiermit Pflanzengattungen, die aufgrund standortbedingten Nährstoffmangels ihren Speiseplan durch tierische Nahrung ergänzen. __Karnivoren__ dagegen ist der Begriff, den der Fachmann in der Regel benutzt. __Insektivoren__ ist ebenfalls ein gebräuchlicher Fachterminus. Er hebt darauf ab, dass es sich bei den Opfern dieser Pflanzen meist um Insekten handelt.

Naturstandorte

Fleischfressende Pflanzen findet man auf allen fünf Kontinenten der Erde. Die einzelnen Gattungen und Arten sind in ihrer Ausbreitung aber oft auf einen Kontinent, manchmal sogar nur auf eine sehr kleine Region begrenzt. Sie sind einerseits wahre Überlebenskünstler, denn man trifft sie oft in Gebieten an, in denen viele andere Pflanzen aufgrund des nährstoffarmen Bodens keine Chance hätten, sich zu entwickeln. Andererseits sind sie aber auch auf unwirtliche Lebensräume angewiesen, in denen sie keiner allzu großen Konkurrenz ausgesetzt sind. In nährstoffreicheren Gebieten würden sie von anderen, besser angepassten Pflanzen leicht verdrängt.

Die eigentlich in Amerika beheimatete Schlauchpflanze Sarracenia purpurea fühlt sich auch in Schweizer Hochmoorgebieten wohl

Heimat Moor

Zu den wichtigsten Naturstandorten Fleischfressender Pflanzen in unseren Breiten zählen Moorlandschaften. Hier finden sich Gattungen, wie der Sonnentau, die Schlauchpflanze, das Fettkraut und der Wasserschlauch. Moorboden ist sauer und nährstoffarm, was die Natur veranlasst hat, einige Pflanzen so auszustatten, dass sie auf eine Nahrungsergänzung durch Insekten zurückgreifen können. Auch an die Feuchtigkeit des Moorbodens sind die Karnivoren angepasst. Sie besitzen keine stark ausgeprägten Wurzeln, was ein Überleben in trockeneren Gebieten unmöglich macht.

Auch die Sonnentauart Drosera rotundifolia kann man in Mooren unserer Breiten antreffen

Standort Europa

Da es in Europa nur noch wenige Moorgebiete gibt, sind auch die heimischen Fleischfressenden Pflanzen nicht mehr besonders weit verbreitet. In unberührten Hochmoorlandschaften, wie man sie beispielsweise in der Schweiz findet, kann man jedoch auch heute noch die unterschiedlichsten Karnivorengattungen antreffen. Besonders beeindruckend sind einige Standorte von Schlauchpflanzen, deren Heimat eigentlich Nordamerika ist. Die ausgewilderte Schlauchpflanzenart Sarracenia purpurea hat sich an das Schweizer Hochmoorklima ange-

Die Kannenpflanze (hier die Art Nepenthes khasiana) gedeiht bei uns am besten im Terrarium

INFO
Heimisch in Europa

Fettkraut *Weltweite Verbreitung, einige Arten finden sich auch in vielen Teilen Europas.*
Schlauchpflanze *Eigentlich in Nordamerika beheimatet, die Art Sarracenia purpurea wurde aber in Irland und in der Schweiz ausgewildert.*
Sonnentau *Von den in Europa heimischen Arten findet man in Deutschland Drosera anglica, D. intermedia und D. rotundifolia.*
Taublatt *Neben Marokko auch auf der iberischen Halbinsel beheimatet.*
Wasserfalle *Vor allem in Asien, Afrika und Australien beheimatet, aber auch in Ost- und Südeuropa.*
Wasserschlauch *Die weltweit verbreitete Art Utricularia vulgaris ist auch in Deutschland anzutreffen. Europaweit findet man noch viele andere Arten.*

passt und überlebt dort auch extreme Frostperioden. Auch Schottland ist eine gute Adresse für Leute, die einmal Karnivoren wie den Sonnentau oder das Fettkraut „in freier Wildbahn“ erleben möchten. Leider sind Naturstandorte von Fleischfressenden Pflanzen in Europa heute bei weitem nicht mehr so zahlreich, wie sie es ursprünglich einmal waren. Man sollte meinen, dass sich die in unseren Breiten heimischen Pflanzen hier besonders leicht kultivieren lassen. Dass gilt jedoch nur, wenn man sie in Freilandkultur hält, beispielsweise in einem Moorbeet. Für eine Kultur im Haus eignen sich besser subtropische Pflanzen, wie die Sonnentauart Drosera capensis.

Exotische Pflanzen

Einige Fleischfressende Pflanzen, die man heute in unseren Gartencentern kaufen kann, sind Arten, deren ursprüngliche Heimat Amerika, Afrika oder Australien ist. Diese Pflanzen gedeihen oft unter ganz anderen Bedingungen als die in Europa anzutreffenden Gattungen. Die Venusfliegenfalle etwa stammt aus einer kleinen Region in North und South Carolina. Wenn man sie, wie es die meisten Karnivoren lieben, mit viel Wasser versorgt, fühlt sie sich auch in unserem Klima recht wohl. Allerdings braucht man für den Winter ein Plätzchen, wo sie hell und kühl steht und vor starken Frösten geschützt ist. Bei der Kannenpflanze dagegen handelt es sich um eine Gattung, deren Arten fast alle aus Südostasien stammen. Sie kommt mit dem europäischen Jahreszeitenwechsel überhaupt nicht zurecht. Sie ist eine hohe Luftfeuchtigkeit und eine ganzjährig gleich bleibende Temperatur von 20 bis 30 Grad gewöhnt. Wer sich eine solche Pflanze anschafft, muss diese Bedingungen künstlich herstellen. Man benötigt also ein Gewächshaus oder zumindest ein Terrarium. Im Winter braucht man oft auch künstliches Licht.

Schwindender Lebensraum

Die einst in weiten Teilen Europas landschaftstypischen Moorgebiete sind in der Vergangenheit vom Menschen immer mehr zurückgedrängt worden, weil sie wirtschaftlich nicht nutzbare Flächen darstellten. Für die Natur ist damit ein irreparabler Schaden entstanden, da mit den Mooren auch viele Pflanzen- und Tierarten verschwunden sind. Auch die in unseren Breiten beheimateten Fleischfressenden Pflanzen, die auf das Moor als natürlichen Lebensraum angewiesen sind, haben unter der Zerstörung der Moore zu leiden und stehen in Deutschland daher teilweise unter Naturschutz. Diese geschützten Pflanzen auszugraben und mit nach Hause zu nehmen, ist gesetzlich verboten. Für jeden Karnivoren-Freund sollte es aber ohnehin selbstverständlich sein, die letzten verbleibenden Naturstandorte Fleischfressender Pflanzen nicht zu schädigen.

Moortrockenlegung

Heute wissen wir dank der Aufklärungsarbeit engagierter Umweltschützer, dass Moore hochkomplexe Ökosysteme darstellen, deren Erhalt uns allen ein Anliegen sein sollte. Leider hat die „ordnende" Hand des Menschen schon sehr viele Gebiete zerstört, meist, um die vorher durch das Moor „blockierten" Flächen anderweitig zu nutzen. Die ursprünglich in großen Teilen Deutschlands typische Landschaftsform der Feuchtgebiete ist dramatisch zurückgegangen. Viele Sumpfgebiete wurden trockengelegt, um die entsprechenden Areale landwirtschaftlich zu nutzen oder um neue Verkehrswege bauen zu können. Ein weiterer Faktor, der bei der fortschreitenden Zerstörung von Moorgebieten eine Rolle spielt, ist der übermäßige Torfabbau. Da die Nachfrage nach Torf für den

Unberührte Moorlandschaften sind ein seltener Anblick geworden

Die Wasserschlauch-Art Utricularia vulgaris liebt das Moor. Sie bildet wunderschöne Blüten aus

Gartenbau stets höher ist, als durch einen ökologisch vertretbaren Torfabbau abzudecken ist, werden immer wieder neue Gebiete für die Torfgewinnung erschlossen – meist auf Kosten wertvoller Lebensräume für Tiere und Pflanzen. Oft ist Torf, den man in Deutschland kaufen kann, aus dem Ausland importiert. Das schont zwar deutsche Moorlandschaften, schädigt aber dafür andere wertvolle Naturgebiete, wie z.B. in Weißrussland. Umweltschützer appellieren aus diesem Grund immer wieder an die Verbraucher, auf den Kauf von Torf, wenn möglich, zu verzichten.

Naturschutzprojekte

Für den Erhalt der noch vorhandenen Moorgebiete in Deutschland und anderen Ländern Europas setzen sich heute zahlreiche Naturschützer ein. Da von der immer weiter fortschreitenden Zurückdrängung von Sumpfgebieten auch die Fleischfressenden Pflanzen betroffen sind, sieht auch die „Gesellschaft für Fleischfressende Pflanzen"(G.F.P.) Handlungsbedarf. Mit viel Engagement setzen sich ihre Mitglieder für den Erhalt der verbliebenen Moore ein, um die letzten natürlichen Karnivoren-Standorte zu retten.

INFO
Wissenswertes über Moor

***Moor** ist eine Landschaftsform, die aufgrund von Klima und Bodenverhältnissen nur sehr anspruchslosen Pflanzen Lebensraum bietet.*

***Torfmoose** sind Pflanzen, die sich auf dem feuchten und nährstoffarmen Boden ausgesprochen wohlfühlen. Durch das alljährliche Absterben der moortypischen Sphagnummoospflanzen entsteht eine Torfschicht.*

***Torf** bildet sich sehr langsam.*

Bis eine mehrere Meter dicke Schicht entsteht, vergehen tausende von Jahren. Deshalb ist ein sorgsamer Umgang mit unseren Mooren unbedingt notwendig.

In sauren Moorseen wächst der Wasserschlauch unaufhaltsam

Gucken und kaufen

Liebhaber Fleischfressender Pflanzen haben hier zu Lande nicht viele Möglichkeiten, Naturstandorte von Karnivoren zu besichtigen. Außerdem trifft man dort natürlich nur einheimische Pflanzen an. Wer sich jedoch auch für die exotischen Arten interessiert, muss entweder in das entsprechende Land reisen, oder er ist darauf angewiesen, sich die Pflanzen in Kultur anzuschauen, was inzwischen schon vielerorts möglich ist.

Botanische Gärten

Viele botanische Gärten zeigen heute auch Fleischfressende Pflanzen, wohl wissend, dass es sich hierbei um Publikumsmagneten handelt. Da botanische Gärten in der Regel über Gewächshäuser verfügen, in denen sich für die Pflanzen optimale Wachstumsbedingungen herstellen lassen, kann man hier auch schon mal ausgefallenere Arten bewundern, die unter den günstigen Bedingungen zu besonders schönen und großen Exemplaren heranwachsen.

Gartencenter

Wer die Karnivoren aber nicht nur bewundern, sondern auch erwerben möchte, sollte sich lieber auf den Weg zum nächsten Gartencenter machen. Die meisten Händler haben mittlerweile aufgrund der wachsenden Nachfrage Fleischfressende Pflanzen dauerhaft in ihr Sortiment aufgenommen. Falls man also nicht gerade nach einer seltenen, sehr speziellen Art sucht, ist man mit dem dortigen Angebot mit Sicherheit gut beraten. Man sollte jedoch unbedingt darauf achten, dass die Pflanzen in einem

Schlauchpflanzen im botanischen Garten von St. Gallen

INFO
Fachhandel im Internet

plantarara ist eine Spezialgärtnerei für Fleischfressende Pflanzen, die sich in Barsinghausen (24 km südwestlich von Hannover) befindet. Bestellung von Pflanzen und Samen über Internet: www.plantarara.com.
Nach Terminabsprache ist auch ein Besuch der Gärtnerei möglich.
Auch beim Karnivorenshop in Eisenach kann man Pflanzen online anfordern: www.shopping.karnivorenshop.de.
Zahlreiche Karnivorenarten gibt es auch bei Eberhard König in Überlingen am Bodensee. Bestellen kann man auf der Internetseite des Anbieters: www.dr-e-koenig.de.

guten Zustand sind. Dass Karnivoren besondere Kulturansprüche haben, wird nämlich nicht von allen Händlern beachtet. Ab und zu bieten sogar Baumärkte in ihren Gartenabteilungen Fleischfressende Pflanzen an. Bei den Exemplaren, die dort zum Verkauf stehen, ist ganz besonders darauf zu achten, ob die Pflanzen frisch sind, denn hier werden die empfindlichen Karnivoren oft so vernachlässigt, dass sie nach wenigen Tagen schon sehr geschwächt sind.

Fachverkauf

Hat man sich einen soliden Grundstock an Fleischfressenden Pflanzen zugelegt und die Kultur der Pflanzen einigermaßen im Griff, regt sich oft der Wunsch nach dem Erwerb seltenerer Arten, die man nicht im Baumarkt um die Ecke findet. In diesem Fall bieten sich dem Karnivoren-Sammler mehrere Möglichkeiten. Inzwischen gibt es in Deutschland Fachgärtnereien, die sich auf die Züchtung Fleischfressender Pflanzen spezialisiert haben. Hierzu lohnt es sich, einmal das Internet zu durchforsten, um solche Bezugsquellen ausfindig zu machen (siehe Infokasten linke Seite). Ein Besuch beim Fachhändler lohnt sich schon allein deshalb, weil man hier eine besonders kompetente Bera-

Venusfliegenfallen gibt's in fast jedem Gartencenter

tung sowie Kultur-Tipps aus erster Hand bekommt, mit denen die Verkäufer im Gartencenter in der Regel nicht dienen können. Einige Fachhändler, wie zum Beispiel die Spezialgärtnerei „plantarara" in Barsinghausen, bieten Besuchern nach Terminabsprache auch Führungen durch ihre Gewächshäuser an. Eine weitere Möglichkeit der Pflanzenbeschaffung ist der Besuch von Karnivoren-Börsen, die von Zeit zu Zeit organisiert werden. Auf solchen Veranstaltungen treffen sich Sammler zum Kaufen, Verkaufen und Tauschen, und man kann wertvolle Kontakte knüpfen. Wer nicht bis zur nächsten Karnivoren-Börse warten kann, sollte im Internet nach Gleichgesinnten suchen. Auch hier bieten viele Liebhaber Fleischfressender Pflanzen Exemplare ihrer Sammlung oder Saatgut zum Verkauf an. Auch über die „Gesellschaft für Fleischfressende Pflanzen" (G.F.P.) kann man Pflanzen und Karnivoren-Samen bestellen oder andere Anbieter kontaktieren. Wer eigene Pflanzen züchten will, sollte aber die grundlegenden Tipps zur Vermehrung beachten (s. S. 40).

Das Blatt der Sonnentauart Drosera auriculata gleicht einer harmlosen Blüte, birgt für Insekten jedoch Gefahr

Vorsprung durch Technik

Wie Fleischfressende Pflanzen ihre Opfer überlisten

Um ihren Speiseplan durch Insekten zu bereichern, haben die einzelnen Gattungen der Karnivoren recht eindrucksvolle Techniken entwickelt. Fachleute unterscheiden zwischen fünf Fallentypen

Klebfallen

Der Sonnentau ist mit Sicherheit der bekannteste Vertreter unter den Klebfallen. Weiterhin werden diesem Fallentyp die Regenbogenpflanze, das Taublatt, das Fettkraut und mit Einschränkung auch die Taupflanze zugeordnet. Alle diese Pflanzen zeichnen sich dadurch aus, dass große Teile ihrer Oberfläche mit gestielten Drüsen versehen sind, an deren Ende sich Tropfen mit klebrigem Sekret befinden. Die Taupflanze macht durch einen honigsüßen Duft auf sich aufmerksam. Bei den anderen Klebfallen, die nicht über Duftstoffe verfügen, vermutet man, dass die Insekten, die diese Pflanzen anfliegen, durch das Glitzern der Sekrettropfen angelockt werden. Die Lichtspiele auf der Oberfläche der Tropfen üben auch auf den Menschen eine ungeheure Faszination aus.

Die klebrigen Tentakel des Sonnentaus warten auf Beute

Kein Entrinnen

Ist ein Insekt einmal auf einem Sonnentau gelandet, ist sein Schicksal damit meist besiegelt. Nur mit viel Glück und einem enormen Kraftaufwand kann sich ein einmal festgeklebtes Opfer wieder befreien. Im Normalfall führen die Befreiungsversuche nur dazu, dass das Insekt die Haftung an den Tentakeln noch verstärkt. Indem das Opfer versucht, sich von der Pflanze abzustoßen, gerät es auch mit den benachbarten Drüsen in Berührung und benetzt seinen Körper immer stärker mit dem klebrigen Sekret. Am Ende des aussichtslosen Kampfes steht der Erstickungstod.

Der Sonnentau (hier Drosera aliciae) in glitzernder Pracht: Der Widerschein des Lichts in den kleinen Sekrettröpfchen lockt Insekten an

Verdauung in Zeitlupe

Die zappelnden Bewegungen des Insekts sorgen dafür, dass die Pflanze das festgeklebte Objekt als ein lebendes Opfer erkennt. Die anhaltenden Bewegungsreize veranlassen den Fleischfresser, den Verdauungsvorgang einzuleiten. Bei manchen Pflanzenarten biegt sich das Blatt mit den Tentakeln um das Insekt herum und schließt das Opfer zuletzt vollkommen ein. Bis dieser Bewegungsvorgang abgeschlossen ist, können Stunden, manchmal auch Tage vergehen. Aus den Drüsen tritt ein Verdauungsenzym aus, das die Weichteile des Insekts auflöst und so für die Pflanze verwertbar macht. Ist der Verdauungsvorgang abgeschlossen, kehrt das Blatt langsam wieder in seine Ausgangsstellung zurück. Unverdaubare Hartteile verbleiben auf der Pflanze, bis sie von Wind und Regen abgetragen werden.

Das Taublatt produziert besonders viel Sekret und ist deshalb ein effektiver Insektenfänger

Eine perfekte Zusammenarbeit

Einen Sonderfall unter den Klebfallen stellt die so genannte Taupflanze dar. Sie besitzt genau wie Sonnentau, Fettkraut und Co. gestielte Drüsen, die mit klebrigem Sekret benetzt sind. Auch fängt die Taupflanze ohne Zweifel Insekten. Der Unterschied zu den anderen Klebfallen besteht jedoch darin, dass die Taupflanze die Insekten nicht verdauen kann, weil sie keine eiweißspaltenden Enzyme produziert. Deswegen ist sie streng genommen auch keine echte Fleischfressende Pflanze. Da sie aber lange für eine solche gehalten wurde und auch bei Karnivoren-Sammlern beliebt ist, wird sie auch hier erwähnt. Was die Taupflanze besonders interessant macht, ist die Tatsache, dass sie mit einigen Wanzenarten in Symbiose leben kann. Eine

Eine Wanze sucht auf der Taupflanze nach gefangenen Insekten

Symbiose liegt dann vor, wenn zwei verschiedene Lebewesen aus ihrem Zusammenleben einen gegenseitigen Nutzen ziehen. Die Wanzen saugen die von der Pflanze gefangenen Insekten aus, ernähren sich also von den Beutetieren. Der Kot der Wanzen hat für die Pflanze eine düngende Wirkung, so dass die Taupflanze auf diesem Umweg doch noch an zusätzliche Nährstoffe gelangt.

Klappfallen

Fangblätter, die ein Insekt erbeutet haben, bleiben einige Tage geschlossen, bis sie wieder einsatzbereit sind

Feine Härchen an den Fangblättern der Venusfliegenfalle reagieren auf Bewegungsreize

Die Klappfallen sind nach Meinung vieler Karnivoren-Sammler die interessantesten Beobachtungsobjekte unter den Fleischfressenden Pflanzen. Zu diesem Fallentyp gehört neben der bekannten Venusfliegenfalle auch noch die Wasserfalle, die – wie der Name schon sagt – unter Wasser auf Beutefang geht. Was immer wieder beeindruckt, ist die Geschwindigkeit, mit der eine Venusfliegenfalle zuschnappen kann, denn Bewegungen von Pflanzenteilen, die sich innerhalb von Sekundenbruchteilen vollziehen, sind in der Pflanzenwelt in der Tat eine Seltenheit.

Können Pflanzen beißen?

Für den Menschen sind die Zangen einer Venusfliegenfalle entgegen immer noch kursierender Gerüchte absolut ungefährlich. Dennoch sollte man es vermeiden, die Zangen unnötig zu reizen, weil jede nur bis zu siebenmal zuklappen kann, bevor sie abstirbt – völlig unabhängig davon, ob sie beim Klappvorgang etwas erbeutet oder nicht.

Klappe zu – Fliege tot

Die Venusfliegenfalle erbeutet – wie der Name vermuten lässt – mit ihren Fangblättern vornehmlich unvorsichtige Fliegen. An der Innenseite dieser Fangblätter befinden sich kleine Haare, die auf Bewegungsreize reagieren. Der Mechanismus ist so ausgeklügelt, dass die Falle nicht bei der ersten Berührung zuklappt – sonst käme es zu oft zu einem Fehlalarm –, sondern es sind immer zwei Reize innerhalb von 20 bis 40 Sekunden an einem oder zwei verschiedenen Härchen nötig, damit die Falle auslöst. Dieser zweifache Reiz entsteht normalerweise nur, wenn sich ein lebendes Objekt in der Falle befindet und sich dort bewegt. So mancher Besitzer einer Venusfliegenfalle, der versucht hat, seine Pflanzen mit selbsterlegten Fliegen zu füttern, wird sich schon darüber gewundert haben, dass die Pflanze offenbar keinen Hunger auf tote Insekten hat. Das hängt damit zusammen, dass nur lebende Tiere den nötigen Verdauungsreiz auslösen. Natürlich braucht man eine Venusfliegenfalle überhaupt nicht zu füttern, aber wenn man es unbedingt tun möchte, dann nur mit lebenden Insekten. Wenn die Falle zuklappt, ist das Insekt zwar gefangen, aber noch nicht tot. Der Raum zwischen den beiden zangenförmigen Fangblättern bleibt so groß, dass das Opfer nicht mehr fliehen, sich aber noch bewegen kann. Die Venusfliegenfalle will auf Nummer Sicher gehen. Nur wenn auch nach dem Zuklappen der Falle immer noch Bewegungen verzeichnet werden, identifiziert die Pflanze das gefangene Objekt als Beutetier und der Verdauungsprozess wird eingeleitet. Das heißt, dass eine Venusfliegenfalle ein gefüttertes Tier, das bereits tot ist, auch dann nicht verdauen würde, wenn man die Falle dazu brächte zuzuklappen.

Die Wasserfalle hat es auf kleinste Wasserbewohner abgesehen

Die einzelnen Fangblätter der Wasserfalle sind in der Regel nur wenige Millimeter lang

Auch im Wasser bewährt

Neben der Venusfliegenfalle gibt es nur noch eine andere Gattung Fleischfressender Pflanzen, die dem Typ der Klappfallen zuzurechnen ist: die Wasserfalle. Die Wasserfalle ist eine aquatische Pflanze, das heißt, sie lebt im Wasser – im Gegensatz zu den meisten anderen Karnivoren, die terrestrisch, das heißt landbewohnend sind. Die Wasserfalle arbeitet nach genau dem gleichen Prinzip wie die Venusfliegenfalle, ihre Beutetiere sind aber natürlich Wasserbewohner. Die Wasserfalle ist wurzellos. Am Ende der Stängel befinden sich Blattquirle, die aus fünf bis zehn Fangblättern bestehen. Hat die Pflanze ein Beutetier eingeschlossen, pressen sich die Lappen des Fangblatts fest gegeneinander. Der dichte Abschluss ist unter Wasser wichtig, damit keine Verdauungsflüssigkeit austritt. Leider lässt sich der Fangvorgang der winzigen Wasserfalle (Quirl bis zu 1 cm Durchmesser) mit bloßem Auge kaum beobachten.

Grubenfallen

Die Gattungen Fleischfressender Pflanzen, die man unter dem Namen Grubenfallen zusammenfasst, kommen bis auf eine einzige Ausnahme nicht in Europa vor, nämlich die auch in Irland und der Schweiz angesiedelte Schlauchpflanzenart Sarracenia purpurea. Außer der Schlauchpflanze gehören zu den Grubenfallen die Kannenpflanze, die Kobralilie, der Sumpfkrug und der Zwergkrug. Die Blätter der Grubenfallen haben sich im Laufe der Evolution in grubenförmige Gebilde verwandelt, die sich für die Insektenjagd nutzen lassen. Der Erfolg einer Grubenfalle basiert auf zwei Prinzipien: Das Opfer muss leicht in die Falle hineingelangen, die Rückkehr ins Freie dagegen muss durch einen geeigneten Mechanismus verhindert werden.

Robuste Kannenpflanzen-Hybriden sind die am leichtesten zu erwerbenden Grubenfallen

Aufgrund ihrer Ähnlichkeit mit einer aufgerichteten Kobra erhielt die Kobralilie ihren Namen

Spur ins Verderben

Um die Insekten anzulocken, verbreiten die Pflanzen meist einen unwiderstehlichen Duft nach Nektar. Dieser Nektar befindet sich am Deckel oder am oberen Rand der Gruben, damit die Beutetiere sich am Eingang der Fallen niederlassen. Oft führt eine Nektarspur ins Falleninnere. Bei manchen Grubenfallen, wie etwa dem Sumpfkrug, geraten die Insekten auf dem Weg ins Innere zuerst in eine Zone, die mit feinen Härchen bedeckt ist – ein Untergrund, auf dem sie wenig Halt finden. Die Haare sind darüber hinaus so ausgerichtet, dass ein weiterer Eintritt in die Falle erleichtert, der Weg zurück aber extrem erschwert wird. Gelangt das Opfer dann in die sich darunter anschließende Gleitzone, wird jegliches Entkommen unmöglich. Die Oberflächen sind hier so glatt, dass das Beutetier bis zum Grund der Falle herunterrutscht, wo sich die Verdauungskammer befindet. Die erbeuteten Tiere ertrinken, je nach Gattung, im Regenwasser oder in einer von der Pflanze produzierten Flüssigkeit und werden, auch gattungsabhängig, von Bakterien oder Verdauungssäften zersetzt.

Fliegende oder kriechende Beute

Grubenfallen sind in der Regel entweder auf fliegende oder kriechende Beutetiere spezialisiert. Aufrecht stehende oder hängende Fallen sind in erster Linie ein Anziehungspunkt für Fluginsekten. Fallen, deren Eingangsbereich sich sehr nah am Boden befindet oder die gar horizontal liegen, wirken dagegen sehr einladend auf Kriechtiere. Der Zwergkrug, dessen niedrige Fallen direkt auf dem Boden aufliegen, wird vor allem Ameisen zum Verhängnis. Bei manchen Gattungen, wie etwa der Schlauchpflanze, gibt es unterschiedlich spezialisierte Arten. So bildet Sarracenia flava stets hohe senkrechte Schläuche aus, mit denen sie Jagd auf Fluginsekten macht. Sarracenea purpurea dagegen ist eine Art, deren Schläuche manchmal ganz flach auf der Erde liegen und so das Interesse von Tieren wecken, die sich am Boden aufhalten (siehe Bild unten). Bei der Kannenpflanze kommt es oft sogar zu einer unterschiedlichen Spezialisierung an ein und derselben Pflanze, je nachdem wie alt sie ist. Eine junge Kannenpflanze bildet kleine und nahe am Boden liegende Kannen aus, die für Kriechtiere gut zu erreichen sind. Erst wenn die Pflanze größer geworden ist, entstehen – oft anders geformte – Kannen, die weiter oben hängen und sich den Fluginsekten anbieten.

Der Sumpfkrug (hier Heliamphora minor) mit Regenwasser am Grund

Eine Heuschrecke auf der Schlauchpflanze Sarracenia purpurea

Reusenfallen

Die Reusenfallen haben unter den Fallentypen eine Sonderstellung, denn sie werden nur durch eine Gattung mit dem Namen „Genlisea" und eine Schlauchpflanzenart mit dem Namen „Sarracenia psittacina" vertreten. Etwas verwirrend ist die Tatsache, dass Genlisea den deutschen Namen Reusenfalle trägt, der identisch mit der Fallentypbezeichnung der Pflanze ist. Die Pflanzen der Gattung Genlisea weisen viele Ähnlichkeiten mit dem Wasserschlauch auf, den man zu den Saugfallen rechnet. Eine Einordnung unter diesen Fallentyp ist jedoch problematisch. Wenn man sich die Pflanzen dieser Gattung nämlich genauer anschaut, zeigen sich Besonderheiten, die die Definition eines eigenen Fallentyps rechtfertigen.

Genlisea violacea oberirdisch: Die Jagd nach Insekten spielt sich jedoch unter der Erde ab

Bei guter Pflege bildet Genlisea (hier G. violacea) in Kultur zarte Blüten aus

Keine Wurzeln, sondern Fangorgane

Die Fallen der vor allem in Brasilien und Venezuela, aber auch in Afrika beheimateten Genlisea befinden sich unter der Erde. Das, was der Laie beim Herausziehen einer Pflanze aus dem Boden oft für Wurzeln hält, sind in Wirklichkeit Blätter, die sich in einem langen Evolutionsprozess unter die Erde zurückgezogen und sich in hoch komplexe Fangorgane umgewandelt haben. Wurzeln besitzt die Genlisea überhaupt nicht. Sie wächst entweder im Wasser oder in sehr sumpfiger Erde, wobei ihr die wurzelähnlichen Fangblätter Halt geben. Die Pflanze ist auf einen extrem nassen Standort angewiesen. Mit Hilfe des Wassers gelangt sie auch an Beutetiere, die sich darin aufhalten.

Noch weitgehend unerforscht

Wie der Fangmechanismus der Genlisea funktioniert, ist bislang noch nicht genau erforscht. Anscheinend saugt sie ihre Beute aber nicht an, weswegen eine Einordnung unter die Saugfallen auch etwas problematisch wäre. Vielmehr vermutet man, dass die Tiere in die Fallen der Genlisea hineingespült werden, sofern es sich um Wasserbewohner handelt, oder dass sie Hineinkriechen. Nach innen gerichtete Haare bilden die Reusen, die dafür sorgen, dass die Beute weiter ins Innere der Pflanze geleitet wird. So gelangt sie schließlich in einen kleinen Hohlraum, den man von außen an der etwas knollenförmigen Auswölbung erkennen kann. Hier sitzen die Verdauungsdrüsen, die das erbeutete Material verwerten. Es ist sehr schade, dass man als Besitzer einer Genlisea-Pflanze keine Möglichkeit hat, diesen unter den Fleischfressenden Pflanzen so seltenen Fangvorgang zu beobachten, denn alles spielt sich unterirdisch ab. Außerdem sind die Fangmechanismen so klein, dass man mit bloßem Auge auch gar nichts erkennen könnte. Interessant ist es aber, sich die Fangorgane unter dem Mikroskop anzuschauen. Unter starker Vergrößerung kann man die korkenzieherartige Struktur der Blätter erkennen. An diesem Gewinde sitzen die „Reusen" der Pflanze, durch die die Nahrung ins Innere geleitet wird.

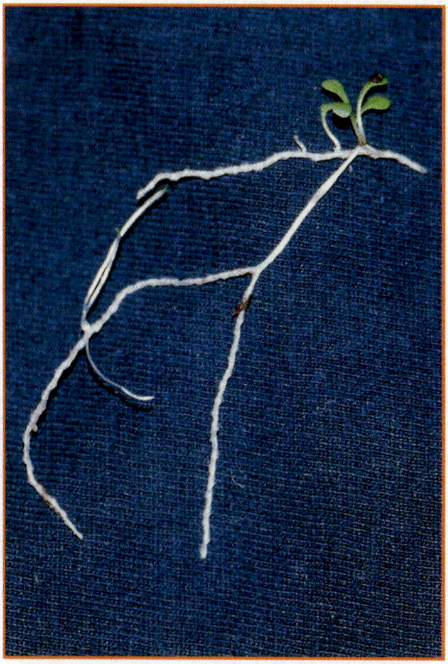

Eine Genlisea violacea mit ihren großen freigelegten Fangorganen

Die Korkenzieher-Struktur der Fangorgane unter dem Mikroskop

Saugfallen

Der Wasserschlauch (hier Utricularia australis) schwimmt wurzellos im Wasser

Die Gruppe der Saugfallen umfasst nach heutigem Forschungsstand nur noch eine Gattung: den so genannten Wasserschlauch, der aber mit seinen weit über 200 bekannten Arten die mit Abstand umfangreichste Gattung unter den Fleischfressenden Pflanzen darstellt. Der Name Wasserschlauch lässt vermuten, dass es sich bei dieser Fleischfressenden Pflanze um eine rein aquatische, das heißt im Wasser beheimatete Gattung handelt. Das ist jedoch nicht ganz richtig, denn neben der Gruppe der aquatischen gibt es auch eine große Gruppe terrestrischer und epiphytischer (an anderen Pflanzen Halt suchende) Wasserschlauch-Arten, die jedoch auch an extrem feuchten Standorten wachsen und das gleiche Fangverhalten aufweisen, wie ihre aquatischen Verwandten. Die Beute des Wasserschlauchs besteht in der Regel aus kleinsten Wasserbewohnern wie Einzellern, aber auch Insekten und kleinen Krebstieren. In seltenen Fällen gelingt es der Pflanze auch schon einmal, größere Tiere wie Mückenlarven oder auch Kaulquappen in die Falle zu locken. Diese können jedoch nur schrittweise verdaut werden.

Die orchideenartigen Blüten von Utricularia vulgaris heben sich aus dem Wasser empor

Jagd unter Wasser

Aquatische Wasserschlauch-Arten bilden lange, oft auch sich verzweigende Stängel aus. Utricularia vulgaris etwa kann bis zu zwei Metern lang werden. An einer einzigen Pflanze können sich weit über 100 der kleinen Fangblätter befinden. Das Saugfallenprinzip funktioniert durch den Aufbau eines Unterdrucks innerhalb der für den Beutefang zuständigen Pflanzenteile. Die einzelnen Fangorgane bestehen aus winzigen Kammern, die einen türähnlichen Verschluss besitzen. Um einen Unterdruck herzustellen, pumpt der Wasserschlauch aus den nach außen fest verschlossenen Kammern Wasser weiter ins Pflanzeninnere hinein, wodurch die Seitenwände sich eindellen. Ist ein ausreichender Unterdruck vorhanden, ist die Falle bereit für den Fangvorgang. Am Falleneingang befindliche Haare leiten Tiere in die Nähe der Öffnung. Kleinste Borsten registrieren hier, wenn sich ein Tier nähert. Ist dies der Fall, öffnet sich die Tür der Kammer blitzartig, sodass Wasser einströmt, das den Druck ausgleicht und zugleich das Beutetier mit in die Falle hineinspült. Die Tür schließt sich nach diesem Saugvorgang genauso blitzartig, wie sie sich geöffnet hat – für das Opfer gibt es keine Fluchtmöglichkeit. Ist ein Tier gefangen, beginnt die Verdauungsphase. Der Wasserschlauch pumpt das Wasser aus der Kammer wiederum ins Pflanzeninnere, wodurch er einerseits die Nährstoffe aus den verdauten Beutetieren verwerten kann, andererseits aber auch erneut einen Unterdruck in der Kammer erzeugt, der die Voraussetzung für den nächsten Fangvorgang darstellt. Mitunter kommt es vor, dass beim Ansaugen ein Tier in die Kammer gelangt, dass aufgrund seiner Größe einen Wiederverschluss der Falle verhindert. In diesem Fall klemmt die Tür das Opfer ein. Ist der eingeschlossene Teil des Tieres verdaut, wird der Rest später nachgesogen.

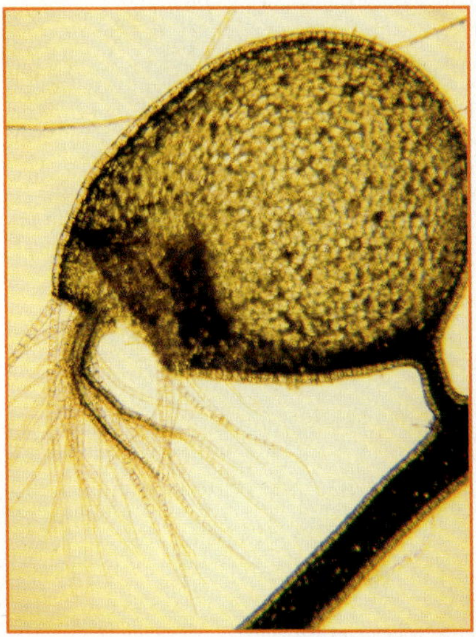

Das Fangorgan des Wasserschlauchs unter dem Mikroskop

Beobachtungen unter dem Mikroskop

Die einzelnen Fangblasen des Wasserschlauches sind äußerst klein. Sie haben in der Regel einen Durchmesser von nicht mehr als 2 bis 6 mm. Die Wände der Blasen bestehen meist nur aus zwei Zellschichten. Im Detail lassen sich die Fangblätter nur unter dem Mikroskop erkennen. Der eigentliche Fangvorgang ist dem menschlichen Auge bisher jedoch verborgen geblieben. Er spielt sich in einer so unglaublichen Geschwindigkeit ab, dass es darüber hinaus auch noch nicht gelungen ist, ihn aufzuzeichnen. Auch die feinen Leithaare, mit deren Hilfe Beutetiere in die Nähe des Falleneingangs gelenkt werden sollen, kann man unter dem Mikroskop gut erkennen.

Das glitzernde Farbenspiel auf den Tentakeln der Sonnentaupflanzen (hier Drosera regia) fasziniert viele Karnivoren-Liebhaber

Zwischen Torf, Sand und Blähton keimt ein junges Taublatt

Viele Kannenpflanzen, wie diese Nepenthes khasiana, gedeihen gut auf Sphagnum-Moos

Weißtorf, Quarzsand und Co.

Das Substrat ist zum einen wichtig, weil es den Pflanzen Halt gibt. Zum anderen werden Pflanzen über das Substrat mit Wasser und Nährstoffen versorgt. Bei fast allen Fleischfressenden Pflanzen sollte das Substrat sauer sein und sehr wenig Mineralsalze enthalten. Daraus ergibt sich auch, dass man Fleischfressende Pflanzen nicht zu düngen braucht. Düngergaben können sich, im Gegenteil, sogar nachteilig für die Pflanzen auswirken. Für die erfolgreiche Karnivoren-Kultur braucht man unbedingt Torf, am besten Weißtorf. Man sollte mit diesem wertvollen Substrat allerdings nicht zu verschwenderisch umgehen, denn wie bereits im ersten Kapitel erwähnt, ist der Torfabbau eine der Hauptursachen dafür, dass Moorlandschaften und damit auch der Lebensraum vieler Karnivoren dauerhaft bedroht sind. Der Torf kann mit anderen Substraten wie Quarzsand, Perlite, Vermiculite oder Blähton vermischt werden. Über das richtige Mischverhältnis gehen die Meinungen auseinander. Am besten probiert man verschiedene Mischungen aus oder man kauft fertig angemischte Karnivorenerde. Das Substrat kann noch mit Sphagnum-Moos bedeckt oder vermischt werden. Vor allem Epiphyten – Pflanzen die sich in der Natur nicht im Boden, sondern an anderen Pflanzen verankern – mögen solche lockeren und luftigen Untergründe. Man muss aber darauf achten, dass die Pflanzen nicht überwuchert werden, und das Moos bei Bedarf zurückschneiden.

Der richtige Standort

Manchmal lohnt sich ein Experiment: Dieser robuste Sumpfkrug (Heliamphora heterodoxa x minor) verbringt den Sommer im Moorbeet, obwohl er eigentlich eine viel höhere Luftfeuchtigkeit benötigt

Ganz entscheidend für ein gutes Gedeihen Fleischfressender Pflanzen ist der richtige Standort. Wie bereits erwähnt, stellen Karnivoren bestimmte, und oft auch sehr unterschiedliche Ansprüche in Bezug auf Licht, Temperatur und Luftfeuchtigkeit. Man kann Fleischfressende Pflanzen, was ihre Kulturansprüche betrifft, ganz grob in zwei Gruppen einteilen: Die einen sind in gemäßigten oder subtropischen Zonen beheimatet und sind aus diesem Grund ein Klima mit Jahreszeitenwechsel gewöhnt. Die anderen sind in tropischen Gebieten zu Hause und kennen den Jahreszeitenwechsel nicht.

Im Freien und auf dem Fensterbrett

Pflanzenarten der ersten Kategorie sind meist die pflegeleichteren. Sie brauchen keine so hohe Luftfeuchtigkeit wie ihre tropischen Verwandten und können während der frostfreien Zeit des Jahres auch problemlos auf dem Balkon oder im Garten stehen. Ideal ist natürlich ein eigens für Fleischfressende Pflanzen angelegtes Moorbeet. Bis auf die winterharten Pflanzen brauchen die Karnivoren im Winter aber einen frostgeschützten Platz. Nichttropische

Die Rosetten vieler Fettkräuter, wie dieser Pinguicula gypsicola, sterben im Winter ab, ...

... um im Frühjahr eine neue Pflanze auszubilden, die aus der Winterknolle herauswächst

Pflanzen lassen sich in der warmen Jahreshälfte zur Not auch auf dem Fensterbrett kultivieren. Allerdings muss das Fenster nach Süden ausgerichtet sein. Sobald die Heizung in Betrieb gesetzt wird, sollten Sie für ihre Pflanzen jedoch ein anderes Quartier suchen. Zum einen brauchen die Pflanzen nämlich ihre gewohnte Ruhepause bei deutlich niedrigerer Temperatur und zum anderen ist die hier zu Lande ohnehin schon sehr niedrige Luftfeuchtigkeit im Winter in beheizten Räumen noch niedriger. Meist liegt sie nur bei 20–30 Prozent, was auch für robuste Sonnentauarten und Venusfliegenfallen zu wenig ist. Besonders ungünstig ist es, wenn sich die Heizkörper, wie es oft der Fall ist, direkt unter dem Fensterbrett befinden. Den Winter sollten die Pflanzen also in jedem Fall in einem ungeheizten Raum verbringen.

Karnivoren mit Sonderwünschen

Bei einigen Fleischfressenden Pflanzen muss man in Bezug auf den Standort spezielle Ansprüche berücksichtigen. Hier sind zunächst das Taublatt und die Taupflanze zu nennen. Beide Pflanzen sind – was ihre Anforderungen an die Luftfeuchtigkeit angeht – unproblematisch, sie brauchen jedoch viel Luftzirkulation und sollten deshalb im Sommer möglichst im Freien stehen. Im Haus neigen sie zur Schimmelbildung. Ein weiterer Kandidat mit Sonderwünschen ist die Kobralilie. Sie wächst in der Natur an fließenden Gewässern, sodass ihre Wurzeln auch bei hohen Temperaturen stets durch das Wasser gekühlt werden. Diese Bedingungen lassen sich in Kultur natürlich kaum herstellen. Um eine zu starke Erwärmung der Wurzeln zu vermeiden, sollte man die Kobralilie daher im Sommer lieber schattig platzieren. Auch empfiehlt sich eine Kultur im Tontopf, weil der Ton Wasser speichert und durch die Abgabe der Feuchtigkeit an die Luft Verdunstungskälte entsteht.

Die Taupflanze sollte, wann immer möglich, luftig stehen

Tropische Pflanzen müssen ins Terrarium

Für tropische Pflanzen kommt eine Freilandkultur sommers wie winters kaum in Frage. Diese Pflanzen sind am besten im beheizten Gewächshaus aufgehoben. Für den Karnivoren-Liebhaber, der kein eigenes Gewächshaus besitzt, stellt die Terrarienkultur meist die beste Alternative dar. Das Terrarium sollte natürlich auch an einem hellen Standort stehen, bei direkter Sonneneinstrahlung besteht allerdings Überhitzungsgefahr. Im Winter wird in der Regel zusätzliches Kunstlicht benötigt.

Pflanzen im Terrarium

Wer sich beim Kauf Fleischfressender Pflanzen auf Arten beschränkt, die mit einer Luftfeuchtigkeit bis zu 50 Prozent auskommen – dazu gehören viele Sonnentau- und Fettkrautarten, Taublatt, Schlauchpflanze, Venusfliegenfalle und Taupflanze – kommt unter Umständen um die Anschaffung eines Terrariums herum. Zumindest wenn die Pflanzen von Frühjahr bis Herbst draußen stehen können, dürften in Bezug auf die Luftfeuchte eigentlich keine Probleme auftauchen. Sollen die Pflanzen außerhalb der Heizperiode jedoch im Haus auf dem Fensterbrett stehen, gilt es zu testen, ob die Luftfeuchtigkeit hier für die Pflanzen ausreicht.

Pflanzenkultur im offenen Terrarium

Ist die Luft zu trocken, empfiehlt sich auch für die weniger Luftfeuchtebedürftigen eine Terrariumkultur. Vor allem sehr junge Pflanzen, die noch nicht sehr kräftig sind, nehmen es übel, wenn die Kulturbedingungen nicht optimal sind und reagieren schon auf eine leicht zu niedrige Luftfeuchtigkeit empfindlich. Es empfiehlt sich aus diesem Grund, selbst gezüchtete Pflanzen zunächst vorsichtshalber im Terrarium zu kultivieren, bevor man sie in etwas trockenere Freiluft entlässt. Das Terrarium sollte aber oben offen oder weitgehend geöffnet sein, damit der Feuchtigkeitswert nicht zu hoch ansteigt. Der Nachteil eines Terrariums besteht nämlich darin, dass es in seinem Inneren sehr wenig Luftzirkulation gibt. Das kann Pflanzen, die auf eine luftige Umgebung angewiesen sind, schnell zum Verhängnis werden. Das Taublatt und die Taupflanze gehören zu den Kandidaten, die unbedingt in bewegter Luft stehen müssen und im Terrarium aus diesem Grund innerhalb kürzester Zeit verschimmeln würden. Aber auch die anderen Pflanzen, die grundsätzlich im Terrarium kultiviert werden können, sollte man regelmäßig auf Schimmelbildung untersuchen und ihnen im Falle des Falles durch Vergrößerung der Öffnung mehr Frischluft zuführen. Man muss am Anfang einfach probieren, ob überhaupt abgedeckt werden muss, und wenn, wie viel Abdeckung notwendig ist, damit die Pflanzen optimal gedeihen können.

Empfindliche Jungpflanzen sind im Terrarium optimal aufgehoben

Für tropische Pflanzen eignet sich die Terrarienkultur am besten

Erzeugung eines echten Tropenklimas

Mit der Anschaffung der ersten Kannenpflanze wird auch das hauseigene Terrarium zur Pflicht – vorausgesetzt, man will etwas länger als einige Wochen Freude an dem exotischen Gewächs haben. Das Gleiche gilt für tropische Sonnentau- und Fettkrautarten, Genlisea, den Sumpfkrug und die meisten terrestrischen Wasserschlaucharten. All diese Pflanzen brauchen eine Luftfeuchtigkeit um die 70 Prozent – einige etwas mehr, einige etwas weniger –, die sich im Wohnraum nicht herstellen lässt. Wichtig ist ein beweglicher Deckel, mit dem Sie die Öffnung und damit den Luftfeuchtigkeitswert genau regulieren können. Grundsätzlich gilt: So weit schließen, wie nötig, und so weit öffnen wie möglich. Einige Hochlandarten der Kannenpflanze brauchen nachts sogar Feuchtigkeitswerte zwischen 80 und 100 Prozent und sind allein aus diesem Grund schon äußerst schwer zu kultivieren. Man müsste das Terrarium praktisch vollkommen verschlossen halten, was schnell zu Wärmestau und Schimmelbildung führen kann.

Ein Terrarium, in dem die Pflanzen ohne Töpfe im Substrat stehen, sieht besonders schön aus

Pflanzenarrangement oder mobile Töpfe?

Das Terrarium muss natürlich kein notwendiges Übel für den Karnivoren-Sammler sein, es kann auch ein höchst dekoratives Element im Wohnraum darstellen. Besonders schön sieht es aus, wenn man das Terrarium mit Substrat füllt und verschiedene Pflanzen als Arrangement zusammensetzt. Eine solche Lösung hat aber den Nachteil, dass einige Pflanzen schneller wachsen als andere und die Nachbarn überwuchern können. Außerdem muss man darauf achten, dass die Pflanzen nicht nur in Bezug auf Licht, Temperatur und Luftfeuchtigkeit ähnliche Ansprüche haben, sondern auch, was das Substrat und die Wasserversorgung betrifft. Einfacher ist es, die Pflanzen in Töpfen nebeneinander ins Terrarium zu stellen. So kann man einzelne Pflanzen bei Bedarf gut entfernen und Substrat und Wassermenge individuell bestimmen.

Ein Moorbeet im Garten

Viele Fleischfressende Pflanzen eignen sich – zumindest vom Frühling bis zum Herbst – für die Freilandkultur. Wer einen Garten besitzt, kann hier ein kleines Moorbeet einplanen, in dem die Karnivoren optimale Wachstumsbedingungen vorfinden.

Zuerst wird eine Grube ausgehoben, die anschließend mit Filz ausgelegt werden muss

Das Moorbeet fachgerecht anlegen

Die Anlage des Moorbeetes ähnelt der eines kleinen Teiches. Man wählt einen Platz, der täglich mindestens fünf Stunden Sonneneinstrahlung ausgesetzt ist. Für Pflanzen, die nicht zu viel Sonne vertragen, sollte man eventuell Schatten spendende Pflanzen für die Umgebung einplanen. Der Gartenfachhandel bietet Teichwannen aus Kunststoff an, die einfach in ein vorbereitetes Loch gesetzt werden können. Ebenso gut ist die Verwendung von Teichfolie, die auch im hier gezeigten Beispiel zum Einsatz kam. Zunächst muss eine mindestens 30 cm tiefe Grube ausgehoben werden. Um Beschädigungen der Folie zu vermeiden, wird die Mulde zuerst mit einer Filzmatte ausgelegt. Danach folgt die Folie, die großzügig über die Ränder hinausragen sollte, weil sie beim Einfüllen des Substrats und des Wassers noch nachrutscht. Abgeschnitten wird die Folie nach Bepflanzung des Beetes. Oft wird die Anlage eines halbhohen Dränagelochs in der Teichwanne oder der Teichfolie empfohlen. Dieses Loch soll verhindern, dass sich – etwa bei starkem Niederschlag – zu viel Staunässe im Moorbeet ansammelt. Das überschüssige Wasser kann dann durch das Dränageloch abfließen, ohne dass das tiefer liegende Stauwasser entweicht. Man kann auf das Dränageloch jedoch auch verzichten,

Auf dem Boden der ausgelegten Teichfolie dienen umgedrehte Blumentöpfe als Wasserspeicher

Nun kann die Grube mit Substrat gefüllt werden. Anschließend gut wässern

wenn man das Loch mit so viel Substrat anfüllt, dass es einen kleinen Hügel bildet. Damit am Grund des Moorbeetes immer genug Stauwasser verbleibt, kann man, vor dem Einfüllen des Substrats umgedrehte Blumentöpfe einsetzen. Sie schaffen Hohlräume, in denen sich Wasser

Das fertig bepflanzte Moorbeet im Sommer mit Sonnentau, Schlauchpflanzen und Kobralilien

sammeln kann. Wer auch Wasserpflanzen in sein Moorbeet integrieren will, kann in der Mitte einen Eimer oder ein anderes stabiles Gefäß platzieren, das später vom Substrat umrandet wird. Nun wird die Grube mit dem angemischten Substrat gefüllt. Anschließend wird das Beet gut gewässert, damit das Substrat sich vollsaugt und einen möglichst moorähnlichen Untergrund für die Pflanzen bildet.

Pflanzen, die sich fürs Moorbeet eignen

Für die Moorbeet-Kultur eignen sich fast alle Karnivoren, die nicht auf eine besonders hohe Luftfeuchtigkeit angewiesen sind. Hierzu gehören viele Sonnentau- und Fettkrautarten, die Venusfliegenfalle, alle Schlauchpflanzen, einige Wasserschlaucharten, sowie die Kobralilie. Eine Ausnahme stellt das Taublatt dar, da diese Pflanze keine Staunässe mag und daher nicht im Moorbeet stehen sollte. Die winterharten Pflanzen können auch während der Frostperiode im Moorbeet bleiben, sie sollten aber, um sie vor allzu strengen Frösten zu schützen, mit einer luftdurchlässigen Folie geschützt werden. Die nicht winterharten Pflanzen müssen im Herbst ausgegraben und in ein frostfreies Winterquartier gebracht werden. Wer sich diese Arbeit erleichtern und das Wurzelwerk dieser Pflanzen nicht unnötig strapazieren will, sollte sie im Frühjahr mitsamt ihrem Topf ins Moorbeet setzen.

Wie arrangiert man die Pflanzen?

Beim Einsetzen der Pflanzen in das Moorbeet müssen einige Dinge beachtet werden: Man sollte die Pflanzen so arrangieren, dass – von Süden aus betrachtet – die größeren Exemplare hinter den kleineren stehen, damit diese genug Sonnenlicht bekommen. Die Kobralilie sollte einen leicht schattigen Standort erhalten, weil ihr Wurzelwerk an heißen Sommertagen unbedingt vor zu viel Wärme geschützt werden muss. Um den Untergrund vor einem zu starken Austrocknen und Aufheizen im Sommer zu schützen und das Beet auch optisch abzurunden, kann man nun noch Sphagnum-Moos zwischen die Karnivoren setzen.

Vermehrung

Bei der Vermehrung von Pflanzen unterscheidet man zwischen generativer und vegetativer Vermehrung. Mit generativer Vermehrung ist eine Vermehrung durch Samen gemeint. Vegetativ vermehrt man Pflanzen, indem man sie teilt oder Blätter abtrennt. Welche Art der Vermehrung günstiger ist, hängt von der Pflanze ab. Weigert sich eine Pflanze hartnäckig Samen auszubilden, bleibt nur der vegetative Weg.

Erntezeit: Der Blütentrieb dieser Venusfliegenfalle hat zahlreiche Samen ausgebildet

Generativ vermehren

Wenn eine Fleischfressende Pflanze blüht, ist das nicht nur ein optisches Highlight, sondern lässt das Herz eines jeden Karnivoren-Liebhabers höher schlagen, weil sich in absehbarer Zeit Samen absammeln lassen. Besonders bei einjährigen Arten wie der Regenbogenpflanze Byblis liniflora empfiehlt es sich, Samen für das kommende Jahr zurückzulegen. Es muss jedoch beachtet werden, dass viele unter den Fleischfressenden Pflanzen nicht mit ihren eigenen Pollen bestäubt werden können. Man braucht in diesem Fall also mindestens zwei blühende Pflanzen einer Art. Besitzt man verschiedene Arten einer Gattung, die zur gleichen Zeit blühen und auch noch in unmittelbarer Nähe voneinander stehen, kommt es unter Umständen zur Hybridisierung. Das Saatgut, das nach der Bestäubung einer Pflanze mit Pollen einer anderen Art entsteht, stellt dann eine genetische Mischung der beiden Arten dar. Ob man dem Hybridisierungsvorgang in seiner Karnivoren-Sammlung freien Lauf lässt oder ihm durch eine räumliche Trennung der blühenden Pflanzen entgegenwirkt, liegt im Ermessen jedes Einzelnen. Obwohl die Vermehrung der Karnivoren den meisten Sammlern Freude bereitet, so kann sie, wenn sie unkontrolliert vonstatten geht, auch zum Ärgernis werden. Wer zum Beispiel mehrere blühfreudige Sonnentau-Pflanzen in seiner Sammlung hat, darf sich nicht wundern, wenn bald in allen anderen umgebenden Töpfen kleine Drosera-Sämlinge hervorsprießen. Will man dem Wildwachstum entgegenwirken, gilt es, Blütentriebe abzuschneiden, bevor der Samenflug einsetzt.

Erfolgreiche Aussaat

Damit man bei der Züchtung neuer Pflanzen aus Samen gute Ergebnisse erhält, sollte man sich versichern, dass das Saatgut qualitativ einwandfrei ist. Entweder man verwendet eigene Samen oder man bezieht sie aus vertrauenswürdigen Quellen. Bei vielen Gattungen – wie z. B. der Kannenpflanze – ist es wichtig, dass der Samen frisch ist, bei anderen dagegen kann der Samen auch einige Monate alt sein, ohne dass er an Qualität einbüßt. Das Substrat sollte gut vorgenässt sein. Da Fleischfressende Pflanzen Lichtkeimer sind, wird der Samen nur leicht angedrückt. Eine hohe Luftfeuchtigkeit beschleunigt den Keimvorgang. Deshalb sollte man die

Töpfe entweder in ein Terrarium stellen oder sie mit einer lichtdurchlässigen und durchlöcherten Folie abdecken. Unter den Fleischfressenden Pflanzen befinden sich auch so genannte Feuerkeimer, z. B. die Regenbogenpflanzenart Byblis gigantea und die Taupflanze. Die Samen dieser Pflanzen liegen in der Natur oft jahrelang am Boden, ohne zu keimen. Erst durch einen Buschbrand erhalten die Samen den Impuls zum Keimvorgang. Samen von Feuerkeimern müssen meist in Giberrelinsäure – ein Wachstumshormon, an das man als Hobby-Karnivorenzüchter nur sehr schwer herankommt – eingeweicht werden, um sie zum Keimen zu bringen. Bei der Taupflanzenart Roridula gorgonias hat sich auch ein Übergießen des gequollenen Saatguts mit 60 Grad heißem Wasser bewährt.

Die Samen der Kannenpflanze dürfen nur wenige Tage oder Wochen gelagert werden

Stecklingsvermehrung beim Sonnentau (Drosera filiformis)

Stecklinge

Fleischfressende Pflanzen, die in Kultur schwer blühen, werden oft vegetativ vermehrt. Für die vegetative Vermehrung eignen sich nur kräftige Exemplare, da eine Teilung immer eine Verletzung der Pflanze darstellt und sie schwächt. Besonders strapaziös ist es für eine Pflanze, wenn man sie mittig teilt. Weniger risikoreich ist es, einzelne Blätter abzutrennen. Diese werden als Stecklinge in Substrat gesetzt. Es gibt auch eine natürliche vegetative Vermehrung bei einigen Karnivoren, z. B. bei der Wasserfalle, die sich eigenständig teilt. Zwergsonnentaupflanzen vermehren sich durch Brutschuppen, – kleine kugelförmige Gebilde, die sich von der Mutterpflanze lösen und neue Pflanzen bilden.

10 Fragen – 10 Antworten

Was ist bei Schädlingsbefall zu tun?

Ist bei Fleischfressenden Pflanzen von Schädlingen die Rede, geht es meist um Blattläuse oder Schildläuse. Blattläuse machen sich am liebsten über Sonnentau, Venusfliegenfalle und terrestrische Wasserschlaucharten her. Leider kann man ihnen meist nur mit Chemie zu Leibe rücken. Schildläuse dagegen bevorzugen Kannen- und Schlauchpflanzen. Hier sollte man zuerst versuchen, die befallene Pflanze durch ein regelmäßiges Abwischen der Blätter von den Schädlingen zu befreien und nur im Notfall zur chemischen Bekämpfung übergehen.

Was tun bei zu starkem Algenwuchs im Aquarium?

Wer eine Wasserfalle im Aquarium kultiviert, bekommt es oft mit Algen zu tun. In der Regel schädigen die Algen die Pflanze nicht, sind aber oft ein optisches Ärgernis. Natürlich kann man die langen Algenfäden regelmäßig aus dem Wasser herausfischen. Ein andere bewährte Methode der Algenbekämpfung ist das Einsetzen von Wasserschnecken, die sich von eben diesen Algen ernähren, andere Pflanzen jedoch verschonen.

Wann muss ich Pflanzen umtopfen?

Wie bei allen Topfpflanzen muss man natürlich umtopfen, wenn das bisherige Pflanzgefäß zu klein wird. Darüber hinaus empfiehlt sich ein Umtopfen aber auch schon direkt nach dem Kauf, wenn die Pflanzen in einem minderwertigen Substrat stehen. Auch wenn Karnivoren über einen längeren Zeitraum mit kalkhaltigem Wasser gegossen wurden (was eigentlich nie vorkommen sollte) empfiehlt es sich, das nun mit Mineralsalzen angereicherte Substrat auszuwechseln.

Warum bildet meine Kannenpflanze keine Kannen aus?

Dass eine Kannenpflanze keine neuen Fangorgane ausbildet, weist in der Regel auf einen Kulturfehler hin. Fast immer sind Lichtmangel oder eine zu niedrige Luftfeuchtigkeit für das Unbehagen der Pflanze verantwortlich. Steht kein hellerer Standort zur Verfügung, sollte man es mit zusätzlichem Kunstlicht versuchen, eine höhere Luftfeuchtigkeit lässt sich durch ein regelmäßiges Besprühen der Pflanze oder durch die Installation eines Ultraschallzerstäubers (im Fachhandel erhältlich) erreichen.

Die selbstgezogenen Venusfliegenfallen sind nun so groß, dass sie vereinzelt werden müssen

Kann meine Pflanze verhungern?

Die Natur hat die Fleischfressenden Pflanzen mit Fangorganen ausgestattet, damit sie ihren Speiseplan durch tierische Nahrung ergänzen können. In Kultur kann es jedoch vorkommen, dass die Pflanzen nicht so viel erbeuten. Hat sich schon lange kein Insekt mehr in ein Fangblatt der Venusfliegenfalle verirrt, ist dies jedoch kein Grund zur Sorge. Erstens ist das Substrat im Topf nie so nährstoffarm wie der Boden am Naturstandort und zweitens führt eine

„Unterernährung" höchstens zu einem verlangsamten Wachstum, nicht zu einem Absterben der Pflanze.

Wann soll ich meine Karnivoren düngen?

Grundsätzlich sollte man Fleischfressende Pflanzen überhaupt nicht düngen, denn in der Regel schadet man den Pflanzen damit mehr, als man ihnen nützt. Ausnahmen kann man höchstens bei Kannen- und Schlauchpflanzen machen, die eine leichte Düngung im Frühjahr und Sommer vertragen. Wer aber auf Nummer Sicher gehen will, verzichtet ganz auf Düngemittel.

Wie vermeide ich Schimmelpilzbefall?

Fleischfressende Pflanzen müssen in der Regel in einem extrem feuchten Substrat stehen, die meisten lieben sogar Staunässe. In Zimmerkultur besteht bei dieser hohen Feuchtigkeit immer die Gefahr der Schimmelbildung. Man sollte deshalb stets auf eine ausreichende Luftzirkulation achten. Dies gilt vor allem fürs Terrarium. Bildet sich hier Schimmel, sollte man den Deckel etwas weiter öffnen.

Wie vermeide ich Samenflug?

Vor allem Sonnentaupflanzen neigen in Kultur dazu, sich nach der Blüte in umliegenden Töpfen zu vermehren. Wenn man dieser Selbstaussaat entgegenwirken will, hilft nur eins: Sobald die Blüte verwelkt ist, den Blütentrieb abschneiden.

Wie verschicke ich Samen am besten?

Man sollte daran denken, dass Postsendungen nicht mit Samthandschuhen angefasst werden. Will man Karnivorensamen verschicken, sollte man sie also gut abpolstern. Es empfiehlt sich, sie in mehrere Zellstofflagen einzuwickeln. Auch der Umschlag sollte gepolstert sein, jedoch nicht mit Plastikfolie, damit die Samen in der Verpackung nicht schimmeln.

Eignen sich Fleischfressende Pflanzen als Geschenk?

Eine Fleischfressende Pflanze ist ohne Frage ein originelles Geschenk. Allerdings sollte man sich vorher vergewissern, ob der zu Beschenkende überhaupt die Möglichkeit hat, die Pflanze angemessen zu kultivieren. Einem Anfänger sollte man gleich das passende Ratgeber-Buch dazuschenken.

Die Blüten des Sonnentaus (hier Drosera aliciae) sollten vor dem Samenflug abgeschnitten werden

Die Experten helfen weiter

Die Gesellschaft für Fleischfressende Pflanzen im deutschsprachigen Raum e. V., kurz G.F.P., ist ein Verein, der 1984 von 20 Pflanzenliebhabern gegründet wurde. Seitdem ist der Verein kontinuierlich gewachsen, sodass er heute schon über 750 Mitglieder zählt. Zu den Mitgliedern gehören neben Privatpersonen auch zahlreiche botanische Institute und botanische Gärten. Außerdem unterhält die Gesellschaft Kontakte zu Vereinen im Ausland, die sich ebenfalls mit dem Thema Karnivoren beschäftigen. Die stetig wachsende Mitgliederzahl bei der G.F.P. ist nur ein Indiz dafür, dass sich immer mehr Menschen für Fleischfressende Pflanzen interessieren. Reges Interesse weckt der Auftritt der G.F.P. schon seit vielen Jahren bei der Raritätenbörse in Essen. Die Landesgartenschau 2002 in Bad Zwischenahn war die erste Großveranstaltung, auf der sich der Verein präsentieren konnte. Hier konnten nicht nur Pflanzen erworben werden, es wurden auch Vorträge zum Thema gehalten.

Information und Austausch

Die G.F.P. hat es sich zum Ziel gesetzt, die Lebensräume der Karnivoren zu erhalten und zu schützen, zur Verbreitung Fleischfressender Pflanzen beizutragen sowie Informationen und Wissen über Fleischfressende Pflanzen zu sammeln und weiterzugeben. Mitglied kann jeder werden, der sich für Fleischfressende Pflanzen interessiert und dem die Ziele des Vereins am Herzen liegen. Die G.F.P. ist mit einer umfangreichen Homepage im Internet (www.carnivoren.org) vertreten. Hier erhält der Interessierte Informationen zu vielen Themen rund um die Karnivoren.

GESELLSCHAFT FÜR FLEISCHFRESSENDE PFLANZEN

Die Gesellschaft für Fleischfressende Pflanzen zählt mittlerweile bereits über 750 Mitglieder

Arbeit für den Naturschutzgedanken

Besonders interessant: Der Karnivoren-Sammler kann sich ausführlich informieren, welche Fleischfressenden Pflanzen aufgrund welcher Rechtsverordnungen in Deutschland geschützt sind und was man beim Erwerb und vor allem beim Import von Pflanzen beachten muss, wenn man sich nicht strafbar machen will. Der Verein legt sehr großen Wert darauf, bei Mitgliedern und anderen Interessierten auch über die gesetzlichen Bestimmungen hinaus das Bewusstsein zu schaffen bzw. zu festigen, dass das Hobby Fleischfressende Pflanzen sehr eng mit dem Thema Naturschutz verknüpft ist. So gehört, was die Besichtigung von Naturstandorten angeht, unter Umständen auch Verzicht zum Naturschutz, denn jeder Spaziergänger, der auf der Suche nach Karnivoren die Landschaft durchstreift, schädigt die Natur in gewissem Maße. Die Internet-Seite der G.F.P. bietet darüber hinaus die Möglichkeit der aktiven Kommunikation. In einem Forum kann man Fragen stellen, zu denen andere Mitglieder und sonstigen Besucher der Seite dann Stellung nehmen.

Zeitschrift, Rundbrief und Newsletter

Die G.F.P. bringt dreimal jährlich eine Zeitschrift mit dem Titel „Das Taublatt" heraus. In dieser Zeitschrift werden von der Redaktion wissenschaftliche und populärwissenschaftliche Beiträge zusammengestellt, die sich rund um das Thema Karnivoren drehen. Mittlerweile enthält jede Ausgabe auch zahlreiche Farbfotos Fleischfressendender Pflanzen. „Das Taublatt" wird jedem Mitglied per Post zugesandt. Weiterhin erhalten Mitglieder viermal im Jahr einen Rundbrief, in dem Veranstaltungen der G.F.P. und ihrer Regionalgruppen bekannt gegeben werden und der Bestand der Samenzentrale aufgelistet wird. Wer als G.F.P.-Mitglied immer auf dem aktuellsten Stand sein möchte, kann sich auch in eine Mailing-Liste aufnehmen lassen und bekommt Neuigkeiten per Newsletter zugesandt.

Zugang zur Karnivoren-Bibliothek

Eine Mitgliedschaft bei der G.F.P. ist für viele Karnivoren-Sammler auch aus dem Grunde interessant, weil der Verein im Laufe der Jahren eine kleine Bibliothek zusammengestellt hat, in der nicht nur Bücher zum Thema, sondern auch andere Medien, wie Zeitschriften und Videos, gesammelt werden. Die Bibliothek enthält sowohl zahlreiche fremdsprachige Titel wie auch deutschsprachige Bücher, die nicht mehr aufgelegt werden und auch antiquarisch nur noch schwer zu bekommen sind. Eine Übersicht der verfügbaren Medien soll in Kürze auch ins Internet gestellt werden. Mitglieder der G.F.P. können alle diese Medien gegen Zahlung der Portokosten ausleihen.

Bestell-Service

Wie schon im ersten Kapitel erwähnt, bietet die G.F.P. auch die Möglichkeit, Pflanzen und Samen anzubieten und zu erwerben. Außerdem besitzt die Gesellschaft eine so genannte Samenzentrale. Hier können nicht nur Mitglieder bestellen. Sie haben jedoch den Vorteil, dass sie ein breiteres Angebot erhalten und Samen zu günstigeren Preisen bekommen.

INFO
G.F.P. in Kürze

Mitgliedsbeitrag: *Der Mitgliedsbeitrag der G.F.P. beträgt zur Zeit 28 Euro im Jahr (ermäßigt 23 Euro).*

Zeitschrift und Rundbrief: *Jedes Mitglied erhält dreimal im Jahr die Zeitschrift „Das Taublatt". Weiterhin informiert ein viermal jährlich versandter Rundbrief über Veranstaltungen und den Bestand der Samenzentrale.*

Bibliothek: *G.F.P.-Mitglieder können die gesellschaftseigene Bibliothek nutzen, in der viele nicht mehr lieferbare sowie fremdsprachige Buchtitel, aber auch Zeitschriften und Videos entliehen werden können.*

Samenzentrale: *Die G.F.P. bietet Mitgliedern und anderen Interessierten Samen zum Verkauf an.*

„Das Taublatt" wird von der G.F.P. herausgegeben und erscheint dreimal jährlich

Eine Wanze (Pameridea roridulae) sucht auf der Taupflanze Roridula gorgonias nach gefangenen Insekten

Die hungrige Schar

Die wichtigsten Gattungen im Überblick

Alles Wissenswerte auf einen Blick: Auf den folgenden Seiten werden die 14 bekanntesten Gattungen Fleischfressender Pflanzen im Kurzportrait mit Foto vorgestellt

Aldrovanda – die Wasserfalle

Die Wasserfalle ist eine monospezifische Gattung, die nur durch die Art Aldrovanda vesiculosa vertreten wird. Naturstandorte der zu den Klappfallen gehörigen Pflanze findet man in Asien, Afrika, Australien sowie Ost- und Südeuropa.

Ökosystem im Wasser

Die Wasserfalle lässt sich gut in einem mit kalkarmem Wasser gefüllten Aquarium kultivieren. Am besten bereitet man das Behältnis schon zwei Tage vor dem Einsetzen der Pflanzen vor. Eine Schicht aus Lehm und Torf am Boden sorgt für ein saures Milieu. Tonscherben versorgen die Wasserfalle mit nötigen Mineralstoffen. Auch die Verwendung von Binsen ist empfehlenswert, da sie das Wasser mit Kohlendioxid anreichern und so das Wachstum der Wasserfalle fördern. Übermäßigen Algenwuchs kann man durch das Einsetzen von Schnecken bekämpfen. Aldrovanda legt im Winter eine Ruhepause ein. In dieser Zeit stirbt die Pflanze ab und bildet so genannte Turionen, die auf den Grund hinabsinken. Im Frühjahr steigen die Turionen wieder an die Wasseroberfläche, wo sie neu austreiben. Eine Vermehrung der Pflanzen erfolgt meist vegetativ, das heißt, von der Mutterpflanze teilen sich Triebe ab, die dann eigenständige Pflanzen bilden. Während des Wachstums empfiehlt sich eine Wassertemperatur von 20 bis 35 Grad, in der Ruhephase sind 4 Grad ideal.

In der Ruhephase bildet die Wasserfalle Turionen (oben), anschließend treibt sie neu aus

Byblis – die Regenbogenpflanze

Die Regenbogenpflanze, auch Byblis genannt, ist in Australien beheimatet und gehört zum Typ der Klebfallen. Byblis ist eine Fleischfressende Pflanze für Fortgeschrittene, denn ihre Kultur erfordert schon einigen Aufwand.

Sind die Bedingungen gut, bildet Byblis linifolia Blüten und damit Samen fürs nächste Jahr

Eigene Aussaat

Die zwei bisher offiziell benannten Arten der Regenbogenpflanze heißen Byblis liniflora und Byblis gigantea. B. liniflora ist einjährig. Wer sie kultivieren will, besorgt sich also am besten Samen und zieht die Pflanzen selbst. B. liniflora sollte im Februar ausgesät werden und sehr hell stehen. Gleichzeitig benötigt sie aber auch Wärme und eine sehr hohe Luftfeuchtigkeit. Sie sollte aus diesem Grund von Anfang an im Terrarium stehen. Ist es dort zu dunkel, muss man mit Kunstlicht nachhelfen. Unter guten Bedingungen bildet B. liniflora im Sommer Blüten aus. Von den neu gebildeten Samen kann man einige für die Aussaat im nächsten Jahr absammeln. Wer B. gigantea kultivieren will, sollte nicht versuchen, die Pflanzen selbst zu ziehen. Die Samen dieser Art sind so genannte Feuerkeimer, das heißt, in der Natur lösen Buschbrände den Keimvorgang aus. In Kultur dagegen muss man die Samen ersatzweise in Giberrelinsäure (siehe S. 41) einweichen, was man allerdings lieber den Fachleuten überlassen sollte.

Cephalotus – der Zwergkrug

Der Zwergkrug stammt aus Südwestaustralien, wo er in Hochmoorgebieten wächst. Die einzige Art dieser monospezifischen Gattung nennt sich Cephalotus follicularis. Cephalotus gehört zu den Grubenfallen und ist, da die krugförmigen Blätter direkt am Boden aufliegen, auf die Erbeutung kriechender Insekten, vor allem Ameisen, spezialisiert.

Verschiedene Blätter

Der Zwergkrug bildet, je nach Jahreszeit, verschiedene Blattformen aus. Im Frühjahr wachsen flache, nicht-karnivore Blätter, die nur der Photosynthese dienen, im Sommer und Herbst bilden sich dann die Krüge für den Insektenfang. Im Sommer sollte man den Zwergkrug vor direkter Sonne und Temperaturen über 30 Grad schützen. Ein schattiger Platz im Moorbeet ist ideal, möglichst ebenerdig, damit die Pflanze für kriechende Insekten erreichbar ist und sich auch mal ein Beutetier in einen Krug verirrt. Man sollte die Pflanze jedoch nicht draußen überwintern lassen. Mit leichten Frösten kommt er zwar zurecht, besser ist jedoch ein heller Standort bei 5 bis 10 Grad. Während des Winters legt Cephalotus eine Ruhephase ein, in der das Wachstum vollkommen eingestellt wird. Eine generative Vermehrung des Zwergkrugs ist schwierig, weil man hierzu zwei blühende Pflanzen braucht. Eine Vermehrung ist deshalb oft nur vegetativ, d. h. durch eine Teilung der Pflanze oder durch das Abtrennen von Blättern zwecks Stecklingsvermehrung möglich.

Die Krüge von Cephalotus follicularis warten am Boden auf kriechende Beutetiere

Darlingtonia – die Kobralilie

Auch die Gattung der Kobralilie besteht nur aus einer einzigen Art, die sich Darlingtonia californica nennt. Der Name verweist bereits auf das natürliche Verbreitungsgebiet der zu den Grubenfallen gehörigen Pflanze, die in Kalifornien, aber auch in Oregon, also im äußersten Westen der USA, beheimatet ist. Die Kobralilie weist viele Ähnlichkeiten mit den Schlauchpflanzen auf, eine Eingliederung von Darlingtonia in die andere Gattung ist aber aufgrund der geographischen Trennung ihrer Naturstandorte sehr umstritten. Eine Besonderheit der Kobralilie ist, dass ihre Fangblätter sich im Gegensatz zu anderen Grubenfallen während des Wachstums um 180 Grad drehen, sodass die Fallenöffnungen stets nach außen zeigen und somit die Wahrscheinlichkeit des Beutefangs vergrößern.

Ein schattiger Platz im Moorbeet ist für die Kobralilie ideal. Sie übersteht auch leichte Fröste

Kühle von unten

Die Kultur von Darlingtonia ist nicht ganz einfach, da sie in Natur meist in der Nähe von fließenden Gewässern wächst, wo ihre Wurzeln von kühlem Wasser umspült werden. Der Wurzelbereich muss daher auch in Kultur kühl gehalten werden. Im Sommer empfiehlt sich ein schattiges Plätzchen im Moorbeet. In gemäßigten Lagen mit nicht zu strengen Frösten kann sie dort auch überwintern. Auch eine Kultur im Tontopf ist vorteilhaft, da an der Topfwand Verdunstungskälte entsteht.

Dionaea – die Venusfliegenfalle

Dass die Venusfliegenfalle die hier zu Lande bekannteste Fleischfressende Pflanze ist, verdankt sie mit Sicherheit nicht ihrer natürlichen Verbreitung. Ihre Naturstandorte beschränken sich nämlich auf einen nur 300 km langen Bereich an der amerikanischen Ostküste (North und South Carolina). Dionaea, wie die Venusfliegenfalle auch genannt wird, ist eine monospezifische Gattung, deren einziger Vertreter Dionaea muscipula heißt. Es existieren allerdings innerhalb dieser Art verschiedene Varianten, die sich etwa durch eine etwas andere Färbung der Blätter oder durch eine leicht veränderte Form der Zähne an den Fangorganen von der originalen Pflanze unterscheiden.

Bei guter Pflege bildet die Venusfliegenfalle große Fangblätter und weiße Blüten aus

Relativ pflegeleicht

Die Venusfliegenfalle gehört zu den pflegeleichteren unter den Karnivoren, denn sie benötigt keine extrem hohe Luftfeuchtigkeit. Da sie aber viel Licht braucht, fühlt sie sich zwischen Frühling und Herbst draußen am wohlsten. Je mehr Licht die Pflanze bekommt, desto größere und stärker rot gefärbte Fangblätter bildet sie aus und desto besser stehen die Chancen, dass die Pflanze Blüten und Samen ausbildet. Im Winter ist ein möglichst heller Standort bei einer Temperatur zwischen 5 und 10 Grad ideal, leichte Fröste überlebt die Venusfliegenfalle im Freien aber auch problemlos.

Drosera – der Sonnentau

Der Sonnentau, auch Drosera genannt, kommt weltweit vor und bildet mit seinen weit über 100 Arten nach dem Wasserschlauch die artenreichste Gattung unter den Karnivoren. Naturstandorte finden sich in tropischen, subtropischen und gemäßigten Zonen. Für die Kultur der Pflanzen bedeutet das, dass die einzelnen Arten oft recht unterschiedliche Ansprüche haben.

Gute Einsteigerpflanze

Viele Karnivorenexperten bezeichnen den Sonnentau als die ideale Einsteigerpflanze für Interessierte, die sich zum erstenmal mit der Kultur Fleischfressender Pflanzen beschäftigen. Dies gilt aber nur für Arten, die in den subtropischen oder gemäßigten Zonen heimisch sind. Tropische Drosera-Arten sind oft um einiges schwieriger zu kultivieren. Die drei auch in Deutschland heimischen Arten Drosera anglica, Drosera intermedia und Drosera rotundifolia stellen natürlich nicht sehr hohe Ansprüche. Da sie winterhart sind, können sie in der kalten Jahreszeit auch durchaus draußen, etwa im garteneigenen Moorbeet, überleben. Die subtropischen Arten, die oft aus Südafrika stammen, sollte man dagegen besser keinem Frost aussetzen. Tropische Sonnentau-Arten müssen ganzjährig warm stehen (bei 20 bis 25 Grad) und brauchen eine hohe Luftfeuchtigkeit.

Der Sonnentau (oben D. capensis, unten D. filiformis) besticht durch seine glitzernden Blätter

Drosophyllum – das Taublatt

Beim Taublatt, von Fachleuten Drosophyllum genannt, handelt es sich wieder um eine monospezifische Gattung, deren einziger Vertreter Drosophyllum lusitanicum ist. Die Pflanze ist auf der iberischen Halbinsel und in Marokko beheimatet. Das zu den Klebfallen gehörige Taublatt besitzt im Gegensatz zu anderen Vertretern dieses Typs nicht die Fähigkeit, seine Tentakel zu bewegen, um ein Beuteopfer einzuschließen. Allerdings wird nach einem Fang an der entsprechenden Stelle die Sekretbildung verstärkt. Zur Anlockung der Insekten verbreitet Drosophyllum einen sehr auffälligen honigsüßen Duft.

Das Taublatt lockt seine Opfer mit seinen glitzernden Tropfen und einem honigsüßen Duft an

Staunässe vermeiden

Das Taublatt wächst auf sehr sandigen Böden, in denen das Wasser schnell abfließt. Damit nimmt es unter den Fleischfressenden Pflanzen eine Sonderstellung ein, da diese in der Regel sehr feuchte Böden und sogar Staunässe lieben. Nicht so das Taublatt, das zeitweise auch mit weniger Wasser auskommen kann. Man sollte die Pflanze in ein sandiges Substrat setzen und nur umtopfen, wenn es unbedingt nötig ist, weil die Wurzeln sehr empfindlich sind. Das Taublatt liebt entsprechend seiner Herkunft eine sehr sonnige und luftige Umgebung. Es verträgt hohe Temperaturen im Sommer, im Winter empfiehlt sich eine Kultur bei 12 Grad.

Genlisea – die Reusenfalle

Wie bereits im zweiten Kapitel beschrieben, ist Genlisea eine Reusenfalle und vertritt damit einen sehr seltenen Fallentyp unter den Karnivoren. Beheimatet ist sie in Afrika und Südamerika – dort vor allem in Brasilien und Venezuela. Genlisea könnte man als eine halbaquatische Pflanze bezeichnen, denn obwohl sie im Boden wächst, braucht sie, auch um kleine Tiere zu erbeuten, immer wieder reichlich Wasser, das die unterirdischen Fangblätter umspült.

Die unterirdischen Fangblätter der Genlisea werden sehr viel länger als die oberirdischen

Unterirdisch aktiv

Schade ist, dass man den Fangvorgang bei Genlisea nie beobachten kann, da die Reusenblätter unter der Erdoberfläche liegen. Aus diesem Grund findet sich die Pflanze auch meist nur in den Töpfen von Karnivoren-Liebhabern, die der Vollständigkeit halber auch eine Reusenfalle zu ihrer Sammlung zählen möchten. Was jedoch ein wenig dafür entschädigt, dass der Fangvorgang unsichtbar bleibt, sind die Blüten, die Genlisea hervorbringt. Genlisea liebt lockeren Boden und benötigt extreme Staunässe. Das Wasser sollte jedoch regelmäßig gewechselt werden, damit die Pflanze nicht zu faulen beginnt. Im Sommer sollte man die Pflanze vor zu viel direktem Licht schützen und bei etwa 20 Grad kultivieren. Im Winter sind 10–15 Grad ideal. Die Vermehrung kann generativ wie vegetativ erfolgen.

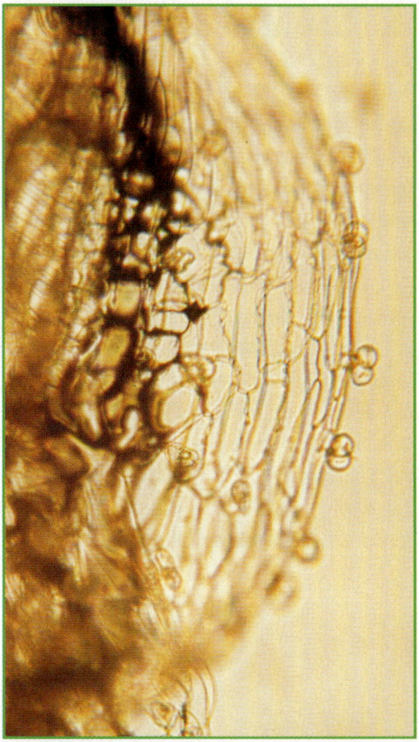

Heliamphora – der Sumpfkrug

Der Sumpfkrug gehört zu den Grubenfallen. Sein natürliches Verbreitungsgebiet ist extrem begrenzt, denn man findet Naturstandorte des Sumpfkrugs nur im Grenzgebiet der Länder Brasilien, Guayana und Venezuela. In dieser Zone ragen hohe Tafelberge empor. Am Naturstandort bekommt der Sumpfkrug viel Sonne, aufgrund der hohen Lage ist es aber nie sehr heiß. Nachts kühlt sich die Umgebung stark ab. Häufige Niederschläge sorgen für eine hohe Luftfeuchtigkeit. Aktuell sind acht Arten (und eine weitere bislang unbenannte Art) des Sumpfkruges bekannt.

Künstliches Hochlandklima

Der Sumpfkrug ist sehr anspruchsvoll. Genau wie einige Kannenpflanzen ist er eine Hochlandpflanze, das heißt, er braucht entsprechend seinem Naturstandort viel Licht, eine hohe Luftfeuchtigkeit und starke Temperaturschwankungen zwischen Tag und Nacht. Allerdings darf die Temperatur nie 30 Grad über- und 0 Grad unterschreiten. Im Hochsommer sollte man die Pflanze regelmäßig mit Wasser überbrausen, um die Luftfeuchtigkeit zu erhöhen und die Krüge mit Wasser zu füllen. Im Winter braucht die Pflanze Kunstlicht. Der Sumpfkrug liebt ein durchlässiges Substrat, zu viel Staunässe nimmt er übel. Bei der vegetativen Vermehrung muss man darauf achten, dass die Blätter nicht brechen.

Der Sumpfkrug (oben H.ionasii, unten H. heterodoxa x minor) ist ein Hochlandklima gewohnt

Nepenthes – die Kannenpflanze

Die Kannenpflanze – unter Fachleuten Nepenthes genannt – ist ein weiterer Vertreter der Grubenfallen. Die tropische Gattung ist in Asien beheimatet. Obwohl die Kannenpflanze zu den anspruchsvolleren Karnivoren gehört, werden heute auch in vielen Gartencentern Exemplare dieser Gattung angeboten. Als Anfängerpflanze ist sie jedoch nicht gut geeignet.

Hohe Luftfeuchtigkeit

Man unterscheidet bei den Kannenpflanzen zwischen Hochland- und Tieflandarten. Die Hochlandarten wachsen oberhalb von 1000 Metern und brauchen wie der Sumpfkrug große Temperaturschwankungen zwischen Tag und Nacht. Die Tieflandarten dagegen mögen eine konstante Temperatur bei 25 bis 30 Grad. Alle Arten brauchen eine extrem hohe Luftfeuchtigkeit, müssen also im Gewächshaus oder Terrarium kultiviert werden. Außerdem ist ein regelmäßiges Besprühen der Pflanzen mit Wasser ratsam. Unter schlechten Bedingungen wie Lichtmangel oder zu geringe Luftfeuchte bilden die Pflanzen keine Kannen aus. Im Handel werden oft hybride Pflanzen angeboten. Sie sind weniger empfindlich als reine Arten und tolerieren auch eine geringere Luftfeuchte. Kannenpflanzen lassen sich gut vegetativ vermehren. Empor wachsende Triebe kann man abschneiden und in Substrat setzen.

Kannenpflanzen-Hybriden, wie diese Nepenthes ventricosa x inermis sind ziemlich robust

Pinguicula – das Fettkraut

Das Fettkraut – auch Pinguicula genannt – ist eine Klebfalle und gehört zu den Karnivoren, die man in allen Klimazonen antrifft. Allerdings kommen sie häufiger auf der nördlichen Halbkugel vor. Sogar in Deutschland ist das Fettkraut beheimatet. Die in unseren Breiten heimischen Arten sind winterhart und können auch in Kultur problemlos draußen im Moorbeet überwintern. Wichtig ist allerdings, dass der Standort im Sommer schattig und kühl ist. Im Winter sterben die in den gemäßigten Zonen beheimateten Pflanzen komplett ab. Übrig bleibt nur eine Winterknospe, aus der im nächsten Frühjahr die neue Pflanze austreibt. Viele Pinguicula-Arten bilden zusätzlich noch Brutzwiebeln, die für die Vermehrung zuständig sind.

Aus den Rosetten (unten) der Fettkräuter (hier P. x Sethos) wachsen zarte Blüten heraus

Sehr blühfreudig

Für eine Kultur im Haus eignen sich am besten die mexikanischen Arten. Diese Fettkräuter sind wahrscheinlich die pflegeleichtesten Vertreter der Karnivoren überhaupt. Sie gedeihen auch auf dem Fensterbrett und bilden dort sogar Blüten aus. Die Pflanzen sollten stets feucht gehalten werden, sie überstehen aber auch Trockenperioden recht gut. Sogar kalkhaltiges Gießwasser vertragen die meisten Arten. Im Winter legen auch die nicht winterharten Fettkräuter eine Ruhepause ein, in der sie nach Möglichkeit etwas kühler stehen sollten.

Roridula – die Taupflanze

Dass die Taupflanze – auch Roridula genannt – streng genommen keine echte Fleischfressende Pflanze ist, hält die meisten Karnivoren-Liebhaber nicht davon ab, Exemplare dieser Gattung in ihre Sammlung aufzunehmen. Die aus den zwei Arten Roridula dentata und Roridula gorgonias bestehende Gattung ist in Südafrika beheimatet. Die Taupflanze zeichnet sich dadurch aus, dass sie besonders klebrige Tentakel besitzt und dadurch auch größere Insekten fangen kann als andere Klebfallen. Die erbeuteten Insekten werden aber nicht direkt von der Pflanze als Nahrung genutzt, sondern über einen Umweg. Wanzen saugen die Insekten aus und düngen mit ihrem Kot die Pflanze.

Keimen unter Hitze

Roridula braucht einen sonnigen und luftigen Standort. Sie ist äußerst schimmelanfällig und darf aus diesem Grund nicht im Terrarium stehen. Die Vermehrung der Taupflanze ist etwas schwierig, denn sie ist ein so genannter Feuerkeimer. In der Natur beginnen die Samen erst nach einem Buschfeuer zu keimen. In Kultur muss man versuchen, ein solches Buschfeuer zu simulieren, um den Samen zum Keimen zu bringen. Ein Übergießen des Saatguts mit 60 Grad heißem Wasser führt bei R. gorgonias oft zum Erfolg. Für die Vermehrung von R. dentata ist ein Einlegen der Samen in Giberrelinsäure empfehlenswert.

Der Sonnentau (oben D. capensis, unten D. filiformis) besticht durch seine glitzernden Blätter

Sarracenia – die Schlauchpflanze

Schlauchpflanzen – auch Sarracenien genannt – gehören zu den Grubenfallen. Das natürliche Verbreitungsgebiet der acht Arten umfassenden Gattung sind der Osten und Südosten der USA. Die Art Sarracenia purpurea allerdings trifft man heute in ausgewilderter Form auch in Hochmoorgebieten in der Schweiz und in Irland an. Diese frostunempfindliche Schlauchpflanze übersteht auch harte Winter.

Nur noch wenige Zentimeter trennen eine Wespe vom Verderben im Inneren von S. flava

Raus in den Garten

Die Schlauchpflanze gehört zu den Fleischfressenden Pflanzen, die verhältnismäßig anspruchslos sind. Für den Anfang empfiehlt sich die Kultur der beiden Arten S. flava und S. purpurea. Beide sind relativ robust, brauchen aber viel Sonne. Im Handel werden auch immer wieder hybride Pflanzen der Sarracenien-Gattung angeboten, die auch relativ pflegeleicht sind. S. purpurea kann, sofern die Pflanzen nicht zu jung sind, problemlos im Moorbeet stehen und dort auch überwintern. Auch die anderen Arten können den Großteil des Jahres im Freiland verbringen und vertragen auch leichte Fröste. Für die Wintermonate empfiehlt sich jedoch ein heller Standort bei etwa 5 Grad. Die Schlauchpflanze lässt sich vegetativ und generativ vermehren. Bei einer Samen-Vermehrung muss man die Saat vorher zwei Monate bei 5 Grad (z. B. im Kühlschrank) lagern.

Utricularia – der Wasserschlauch

Der Wasserschlauch – oder auch Utricularia – stellt die artenreichste Gattung unter den Karnivoren dar. Über die genaue Anzahl der Arten gehen die Meinungen auseinander, es gibt aber mit Sicherheit weit über 200. Utricularia-Pflanzen sind Saugfallen. Man findet sie rund um den Erdball, zahlreiche Arten kommen auch in Europa vor. Der Name Wasserschlauch legt nahe, dass es sich hierbei um eine rein aquatische Pflanzengattung handelt, es gibt aber auch viele terrestrische und epiphytische Utricularia-Arten. Epiphyten wurzeln nicht im Boden, sondern suchen an anderen Pflanzen Halt. Die Fangorgane der Utricularia sind leider mit bloßem Auge kaum zu erkennen. Dafür bilden viele Arten aber prächtige Blüten aus.

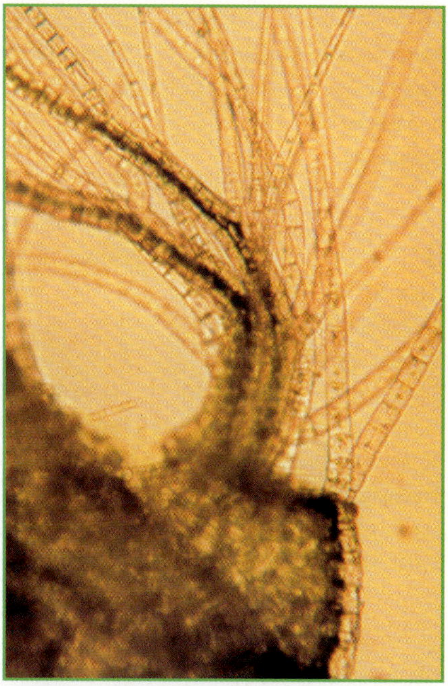

Die Fallen sind mikroskopisch klein, die Blüten (hier U. alpina) dagegen groß und prächtig

Karnivoren im Gartenteich

Die im Wasser lebenden Arten hält man im Aquarium. Heimische Arten kann man auch in den Gartenteich setzen. Ein torfiger Untergrund ist ideal. Winterharte Arten bilden Winterknospen aus, die im Herbst auf den Grund sinken. Im Frühjahr treiben die Pflanzen neu aus. Die meisten nicht-winterharten Pflanzen fühlen sich im Gewächshaus oder an einem anderen hellen Standort bei 20–25 Grad wohl. Die terrestrischen Arten werden in lockerem Substrat in Staunässe gehalten. Epiphyten gedeihen gut in sphagnumhaltigem Substrat.

Register

Die hervorgehobenen Seitenzahlen verweisen auf Abbildungen.

Impressum

Copyright
Genehmigte Sonderausgabe für Universo
Universo ist ein Imprint des
Karl Müller Verlages – Silag Media AG,
Liebigstr. 1, 40764 Langenfeld